7월의 책

7월의 책
시간과 김승일

BadBedBooks

2021. 01. 01.   사랑

극장에 있고 싶다. 무대 위에 책상을 하나 두고, 거기 앉아서 매일 시를 쓰면 좋겠다. 관객들에게 내가 무슨 생각을 하고 있는지 알려주면서. 왜 지우는지 설명하면서. 그래도 일기는 카페에서 썼으면 좋겠다. 매일 오전 11시에. 난 계속 기다렸어. 카페에 갈 수 있게 되기를. 극장에서 시를 쓰게 되기를. 기다리면서 고양이랑 놀았어. 근데 더는 기다릴 수 없을 것 같아서 이렇게 집에 있는 책상에 앉았다. 극장에 있다고 상상을 하고, 카페에 있다고 상상을 하려고 했는데. 그건 잘 되지 않네. 슬픈 얘기가 잘 생각나지 않아. 난 한동안 슬픈 얘기만 하고 싶은데. 왜냐면 그게 내가 잘하는 거니까. 가끔은 잘하는 걸 더 잘해볼 수도 있지 않을까. 사랑을 받기 위해서.

2021. 01. 02. 　　　　　　　　　　　　　　　　　빼앗김

시로 쓰지 않을 소재를 방금 떠올렸다. 로봇에게 일자리를 잃은 인간의 자리를 다시 로봇이 대체한다. 그러니까 실업자 신세도 로봇이 대체하는 것이다. 실업자 신세도 로봇에게 빼앗긴 인간의 자리도 로봇이 대체한다. 그러니까 실업자 신세를 빼앗긴 신세도 로봇이 대체하는 것이다. 그렇게 계속 로봇이 빼앗김도 빼앗는다. 기계가 나오는 시는 쓰지 않기로 했기 때문에 이걸 시로 쓰는 일은 없을 것이다. 만약에 시로 쓴다면 이러한 굴레를 기본 세계관으로 설정하고, 최대한 설명하지 않고, 화자는 누구로 설정하지. 아주 어려운 작업이 될 것이고 재미가 있을 것 같지만 쓰지 않을 것이다. 나는 항상 쓰지 않을 얘기를 생각한다. 왜 써서는 안 되는지도 생각하고. 나는 지금 시를 쓰려고 쓰지 않을 이야기를 계속 떠올리고 계속 폐기하는 사람이 나오는 시를 쓰고 싶은 것일까? 그 사람이 화자인가? 조금 더 두고 봐야겠지만 그 사람은 화자가 아닌 것 같아. 나는 항상 나를 화자로 만드는 걸 피하려고 하니까. 그리고 쓰기에 관한 이야기는, 메타시는 쓰지 않으려고 노력하니까. 그래도 이야기를 생각하고 이야기를 버리는 과정을 둘러싼 어떤 이야기를 해보고 싶다. 아닌가? 하고 싶지 않은가? 하고는 싶은데. 이 이야기

를, 이야기를 생각하고 이야기를 버리는 과정을 둘러싼 어떤 이야기라고 설명하기는 싫어. 다른 정의가 필요할 것 같다. 이 이야기에 대한 다른 정의. 그걸 오늘 하자.

2021. 01. 04. 다다르는 꿈

나는 나로부터 내가 모르는 얘기를 듣고 싶다. 내가 자주 꾸는 꿈은 내가 사는 동네나 자주 가는 동네에서 길을 잘못 드는 꿈. 보통은 약속 장소로 가다가 길을 잘못 든다. 운전을 하고 있고. 내비게이션이 없고. 나답게도 항상 약속 시간에 아주 많이 늦었고. 마음은 너무 급한데, 너무 잘 아는 동네에서 길을 잃어버려서, 조금만 더 직진하면, 좌회전 한 번이면 아는 곳이 나올 것 같은데. 계속 모르는 곳만 나오고. 나는 내가 아는 동네에서 점점 멀어지고. 오늘은 고딕 성당으로 가득 채워진 동네에 다다랐다. 나는 그냥 안양에 있는 교보문고에 가고 있었는데.

막연한 확신

 해외여행을 그렇게 많이 다녀보진 않았지만, 나는 외국에 여행을 갈 때 항상 미니멀리스트였다. 입고 있는 옷을 제외하고 가져가는 옷은 아래위 한 벌. 속옷 두 장. 글을 쓰기 위한 노트와 펜. 그게 끝이었다. 아, 그런데 미니멀리스트라고 말하긴 좀 어려울 수도 있겠다. 여행 가방에 아다치 미츠루 만화책을 담기 위해서 다른 것들을 포기한 것이니까. 그땐 전자책이 없었고, 나는 『터치』 소장판 11권을 바리바리 싸서 들고 여행을 갔다. 나는 관광을 별로 좋아하지 않으니까. 그냥 집에서 가장 먼 곳에서, 뭔가 좀 외롭고, 약간 공허하고, 겸허한 기분이 되어, 아다치 미츠루가 그린 풍경과 여백을 하염없이 쳐다보고 싶었다. 그러면 세상에서 가장 고요한, 가슴 뛰는 여행이 되었다.
 아다치 미츠루의 작품의 미덕은 이미 너무 잘 알려져서 굳이 설명하는 것이 좀 부끄럽게 느껴진다. 여백을 아름답게 잘 사용하고, 컷의 전환이 파격적이면서도 정적이다. 긴 커리어 동안 그림체의 변화가 별로 없었고, 주인공들의 얼굴도 구작 근작 할 것 없이 전부 비슷하며, 대표작들의 주요 소재도 고교 야구, 고교생들의 연애로 한정되는 등, 늘 한결같았다. 그러니까 아다치 미츠루는 안 읽어봐도 다 아는 얘기, 어떻게 될지 뻔한 청춘 드라마를 가지고 꾸준히 독자를 홀리는 사람이다.

   그리고 나는 오늘 『터치』를 다시 읽고 싶다. 다르게 말하면 어디 먼 곳으로 여행을 가고 싶다는 얘기일지도 모르겠다. 코로나 때문에 해외여행을 갈 수 있어도 가지 못하기 때문인가? 스포일러라고 할 수도 없는 스포일러를 하나 하겠다. 아다치 미츠루의 작품은 지독한 비극이기도 해서, 항상 초장에 누가 죽거나, 다치면서 시작한다. 그는 내가 아는 그 어떤 작가보다 충격적으로 사람을 죽이고, 다치게 하는 사람이다. 나는 이미 그의 작품에서 언제, 누가 죽는지를 알고 있다. 그런데도 『터치』를 다시 읽기 시작하면…… 늘 똑같이 등장인물이 죽는 장면에서 깜짝 놀라 눈물을 흘리고 만다. 주인공은 잃어버린 사람을 위해, 좋아하는 사람을 위해 매일 새벽에 일어나 야구 연습을 시작하고. 나는 그가 지지 않을 것을 알면서도(가끔 진다), 그를 응원할 수밖에 없게 되어버린다. 그렇게 만화책의 마지막 장을 덮은 다음. 나는 늘 타지의 싸구려 숙소에 누워 중얼거렸다. 살아도 괜찮을 것 같아. 그것도 열심히. 그건 어쩐지 교훈이 아니라. 그냥 그럴 수 있을 거라는 막연한 확신이었다.

2021. 01. 09. 예술품 다루기

베르그송은 『웃음』에서 생명을 기계적인 방향으로 돌리는 것에 웃음의 진정한 원인이 있다고 밝힌다. 그래서 내 두 번째 시집인 『여기까지 인용하세요』가 상대적으로 첫 번째 시집에 비해 웃기지 않았던 것인지도 모른다. 내가 『여기까지 인용하세요』에서 하려고 했던 것은 기계에게서 우리가 알지 못하는, 경직 속에서 우리가 미처 알지 못하는 '기계적이지 않은 움직임'이 있다는 것을 강조하는 일이었기 때문이다. 나는 더 나아가 우리가 절대로 이해할 수 없는 무언가를 기계가 지니고 있다는 점을 알리고자 했다. 기계적이라는 용어를 단순히 자동적으로 기능하는, 경직을 반복하는 무엇에서 분리하여, 인간이 이해할 수 없는 정념이나 약점을 가지고 있는 무언가로 사유하고자 했기 때문이다. 그래서 『여기까지 인용하세요』에 실린 시들의 어떤 경직과 반복은 한편으로는 웃음이 아니라 독자 혹은 창작자의 무지함만을 드러낸다. 그것은 슬픔이라고 부를 수도 없는 어떤 정념이며, 또한 이를 정념이라고 부를 수도 없다. 그럼에도 만약 내가 상상한 기계들이 슬픔을 준다면, 이는 우리가 그 기계(등장 존재)를 가지고 놀 수 없다는, 조종할 수 없다는, 예측할 수 없다는 무력감이 주는 슬픔이거나, 기계의 정념과 약점을 더는 조롱할 수 없을 만큼, 그 기계에게 몰입했다는 증거다. 그러니까 기계를 인간처럼 대하고 있다는 증거라고 할 수 있다. 인간처럼이라는 말은 매력적이지 않군. 기계를 아주 많이 존중하고 있다는 증거라고 할 수 있다. 신처럼 대하고 있다는 증거라고 할 수 있다. 그렇다면 첫 시집 『에듀케이션』의 화자들은 어떠한가? 그들은 스스로를 전통적인 의미에서 기계적이라고 생각한다. 자신을 둘러싼 것들, 관계하는 자들 또한 기계적이라고 판단한다. 그리고 자신의 경직과 타자의 경직을 계속 들춘다. 다시 베르그송의 말을 빌리면, 『에듀케이션』의 화자들은 자기 보존의 고뇌에서 벗어나 자아를 예술품으로 다루고 있다. 그리고 그것이 희극성이다. 그리고 내 생각엔 자아를 예술품으로 다루는 행위 자체가 희극적인 무엇이며, 슬픔이다.

2021. 01. 10. 　　　　　　　　　　　　　　　　　　　　　당황

관객이 웃으면 배우들은 힘이 난다. 같은 연극을 벌써 몇 차례나 관람한 조명 오퍼레이터는 배우들이 한껏 상기되어가는 것을 본다. 어제는 관객들이 별로 웃지 않았다. 배우들은 당황한 기색이 역력했다. 배우들이 당황하는 것이 싫다. 배우들이 상기되는 것도 싫다. 배우들이 싫은 것은 아니다. 연극배우라는 족속들이 원래 좀 싫은 사람들이긴 하지만. 증오할 만큼 싫은 것은 아니다. 아주 조금 싫다. 하지만 그들이 당황하는 꼴을 지켜보고 있으면 구역질이 날 것 같다. 상기된 얼굴을 보는 것도 마찬가지다. 너는 뭐 그렇게 항상 불만이 많은 표정이니? 오늘 공연이 끝나고 뒤풀이 술자리에서 어떤 배우가 물었다. 조명 오퍼레이터는 배시시 웃으면서 답한다. 아닌데요 저 행복해요.

2021. 01. 11.　　　　　　　　　　　　　　　　　　　　살아요

무언가를 보호하고 지키는 데에는 그렇게 엄청난 윤리관이나 정의관이 필요하지 않다. 무언가를 지키고 보호하는 일은 나중에 보면 대의로 여겨질 수도 있겠지만, 대의도 아니다. 그냥 어쩌다 보니 지키고 보호하는 일을 멈출 수가 없게 되어버렸을 때. 그건 복수를 멈출 수 없게 되어버린 것, 조롱을 멈출 수 없게 되어버린 것과 크게 다른 일도 아니다. 하지만 어떤 일들은 사소한 계기로 멈출 수 있게 된다. 증오도, 조롱도. 갑자기 멈춘다. 그렇지만 지키고 보호하는 일은 그 대상이 죽지 않는 이상 계속된다. 죽으면 멈춘다. 존재는 사소한 이유로, 너무나도 갑작스럽게 죽기도 한다. 복수를 중단한 사람도 왜 사는지 모르지만, 같이 있던 사람이 사라진 사람도 왜 사는지 모른다. 우리는 너무도 갑작스럽게 사는 이유를 모르게 되고. 사는 이유를 아는 누군가를 멍하니 쳐다본다. 누가 나를 본다. 나는 아내와 고양이와 함께 살고, 항상 시를 쓰고 싶다.

어젯밤은 어젯밤

　이 책엔 대사가 많지 않다. 온통 정적인 장면과 공허한 여백으로 가득 채워져 있다. 그러나 누군가에게 『나 혼자』를 한마디로 소개해야만 한다면, 이 책은 고요한 책이 아니라고, 시끄러운 소리가 끝없이 당신을 괴롭힐 것이라고, 그러니까 부디 조심하라고 일러둬야 할 것 같다. 『나 혼자』에는 자신이 누구인지, 어디서 오늘 밤을 지새워야 하는지 모르는 사람들로 가득하다. 주인공 러셀은 하염없이 질문한다. 나는 누구지? 남자답다는 건 뭐지? 텅 빈 방을 홀로 묵묵히 지키고 있을 때도, 러셀의 눈동자는 계속 질문하고 있다. 어디로 가야 하지? 어디서 살아야 하지? 나는 누구지? 어쩌지? 어떻게 하지? 시끄러운 소리의 정체는, 그 누구도 대신 답해줄 수 없는 질문들이다. 시끄러운 소리의 정체는, 질문하기를 멈춘 사람들의 비명이다. 때리고, 차별하고, 유기하고, 자해하는, 잔뜩 취한 사람들의 고성방가다.

　책을 읽기 전에 역자 후기부터 읽는 사람들은 아마 없을 것이다. 그러나 혹시 이 페이지부터 펼친 사람들을 위해 당부하고자 한다. 『나 혼자』를 천천히 읽어주셨으면 한다. 나는 이 책을 너무 빨리 읽었다. 제발 이 모든 게 끝났으면 싶었다. 러셀이 궁금해하는 것이 전부 사라지기만을 바랐다. 읽다가 충격에 빠져 잠시 멈춰야만 할 것 같은 장면에서도. 나는 참지 못하고 하염없이 페이지를 넘기고 말았다. 더 나아질 수 없으니까. 계속 나빠지기만 하니까. 그냥 다음 페이지에서 갑자기 이야기가 끝났으면 하고 바랐던 것 같다. 내 선택을 후회한다. 조금만 더 인내심을 발휘해서. 더 많이 멈추고. 한숨도 쉬고. 소리 내 읽어보아야 하지 않았을까? "알래스카, 멕시코, 우루아이, 아니면 어쩌면 브라질 정글 어딘가는 어떨까……." 그렇게 여기가 아닌 어딘가를 함께 상상하면서. 상상 속에서도 좌초하면서. 그냥 불쌍한 꼬마 애를 멀찍이서 바라만 보지 말고. 러셀이 들이마시는 공기를 함께 들이마셔야 했던 것은 아닐까? 이 책은 마지막 장에서 우리 모두에게 엄청난 위안을 선사한다. 거기서 나는 고민에 빠졌다. 내가 위로를 받아도 괜찮은 걸까. 난 그냥 마지막 페이지를 향해 도망치기만 했던 것 같은데.

    유년기를 다룬 대부분의 이야기가 화자의 성장을 도모하거나 포착한다. 어떤 이들은 책을 덮은 다음 『나 혼자』의 주인공에게도 유의미한 깨달음이나 변화가 찾아왔다고 판단할 것이다. 물론 내면의 변화도 분명 존재할 것이다. 너무 많은 일을 겪었으니까. 하지만 러셀이 진정으로 깨달은 것은 이 모든 것이 앞으로도 쉽게 해결되지 않을 것이라는 냉혹한 현실인지도 모른다. 그리고 우리는 이 책의 마지막 장면에서, 단순히 여운에 빠지는 대신 새겨들어야 할 교훈을 얻는다. 누군가는 책임을 다해야 한다. 누군가는 누군가를 보호해야 한다. 누군가는 누군가의 곁이 되어야 한다. 어제는 잘 곳이 없어 참 괴로웠지? 결코 그 괴로움을 무시하는 건 아니지만. 그건 이제 어젯밤이란다. 누군가는 누군가에게 이렇게 말해줘야만 한다. 어젯밤은 그저 어젯밤이란다. 『나 혼자』를 그저 단순히 1950년대의 미국, 캘리포니아 변두리의 기억으로 읽어내는 독자들은 아마 없을 것이다. 21세기 한국에서도 너무 많은 차별과, 가부장적인 폭력, 전쟁의 기억이 살아 숨쉬고 있으니까. 아이러니하게도, 바뀐 게 너무 없으니까. 이 이야기를 너도 나도 겪었던 유년 시절의 괴로움, 끔찍한 사회상으로 소비하기도 쉬울 것이다. 그래서 바람이 하나 있다면, 『나 혼자』를 만난 독자들이 다들 이렇게 말해보면 좋겠다. 어젯밤은 그저 어젯밤. 오늘은 달라. 유기견도, 불쌍한 고양이들도 줄어들 거야. 어젯밤은 어젯밤. 오늘은 달라. 오늘의 어둠 속에는, "위험에서 벗어나는 강하고 분명한 발동작뿐".

후기를 쓰는 동안 고양이가 책상 위로 올라와서 계속 나를 방해했다. 이 고양이는 번역도 방해했고, 일기도 방해했다. 이 고양이가 영원히 나를 방해했으면 좋겠다. 훌륭한 이야기를 건네준 작가 데이비드 스몰에게 깊은 존경을 바친다. 작업에 도움을 준 아내와 기다려주신 편집자께도 감사드린다.

2021. 02. 22.　　　　　　　　　　　　　　　　　　사람

내가 좋아하는 불쌍한 사람. 그 사람은 어떤 일을 겪었거나, 어떤 사람이 어떤 일을 겪는 것을 관찰했으며. 어떤 생각을 했다. 그리고 그는 잠깐 어떤 기분에 사로잡힌다. 얼마나 잠깐인지는 모르겠다. 조금 길 수도 있고, 정말 짧을 수도 있다. 어쨌든 순간이라고 부를 수 있을 것 같다. 순간 그는 어떤 기분에 사로잡힌다. 시청하던 드라마가 끝났을 때의 기분. 너무나도 규칙적인 일상을 보내고 있어서 지금 이 순간이 어떤 순서 중 하나라는 것을 눈치채지 못하는 상황. 자동차 레이싱 대회에서 모든 자동차가 출발점에 서서 영원히 출발하지 않는 장면. 손바닥에 구멍이 난 것처럼 고통스러웠다가, 갑자기 어떤 감각에도 크게 신경 쓰지 않게 된 사람. 그런 사람. 내가 좋아하는 불쌍한 사람. 누구나 그 사람이 될 수 있어서. 누구나 그 사람으로 만들었다. 좋아합니다.

2021. 02. 23.   그 어떤

다소 빨리 죽은 예술가가 있다. 그 사람이 죽고 얼마 지나지 않아. 그러니까 한 6개월 후에 그를 추모하는 행사가 열린다. 공연일 수도 있고, 전시일 수도 있고, 영화제일 수도 있고, 출간 파티일 수도 있다. 파티가 마음에 드니까 출간 파티라고 하면 좋겠군. 다소 빨리 죽은 예술가는 질병으로 죽은 것이고, 자신이 곧 죽으리라는 것을 인지한 채로 3년 정도 살았다. 3년 동안 그는 계속 무언가를 만들었다. 그렇다면 그가 3년 동안 만든 것의 양식을 말년의 양식이라고 부를 수 있을 것인가? 병에 체념하거나 병과 싸우거나. 어쨌든 중병에 걸린 사람은 체감하는가? 이 세계에 결코 해결할 수 없는 무언가가 분명히 있다는 사실을. 그럴지도 모른다. 어쨌든 그런 얘기는 재미가 없고. 내가 흥미롭게 생각하는 것은 추모 출간 서적 파티. 추모 공연. 추모 행사. 거기서 일어나는 이야기다. 화자는 거기 참여한 작가나 그걸 주최한 주최 측이나 거기 간 관객이나. 그리고 또 누가 있을 수 있지? 절대로 말년의 양식에 대해 궁금해하지 말 것. 절대로 풀리지 않는 갈등 전체를 조망하여 담아내려고 하지 말 것. 그래서는 그 어떤 멋진 것도 만들 수 없다. 멋지지 않아서 멋진 것도.

2021. 02. 28. 양식

자신이 얼마나 세속적인지에 대해, 그리고 그것이 얼마나 자신의 전부인지에 대해 말하는 것. 자신의 절망에 대해서 말하는 것. 그러나 다른 누구의 절망도 아니고. 다른 어떤 시대의 절망도 아니고. 오로지 자기가 안다고 착각하는 시대에 대해 절망하는 것. 그리고 형식을 통해 이를 더듬어 그리는 것. 더듬어 그리는 것. 멋지게 더듬어 그리는 것. 멋지지 않게 더듬어 그리는 것. 더듬는 것. 그것이 내가 하는 일이다.

21세기에

 저녁에 동네를 산책하다가 야훼와는 아무 상관 없는 신을 영접한 뒤로 종교 수행을 하면서 사는 것은 확실히 즐거운 일이었다. 1년의 시간이 흐르고 원재연은 마침내 공책에 다음과 같이 썼다. 경전을 집필하기 시작해야겠다. 그러고서 한참을 그날 아침에 들었던 새소리가 어떤 새들의 것인지를 분석하고, 집 앞 공터에서 발견한 작은 돌멩이들의 모습을 묘사한 뒤에, 재연은 다음과 같이 썼다. 나는 경전에 쓰지 않을 것들에 대해 생각했다. 당시 마흔다섯의 그 교주 지망생에게는 자주 만나는 친구가 하나도 없었고, 아내가 물려받은 유산으로 구입한 아파트를 시작으로 점점 평수가 낮은 집으로 이사를 해가면서 경전에 쓸 말을 고르는 데 하루를 다 쓰면서 살았다. 공책에는 경전에 쓰지 않을 말들만이 쌓여갔으며, 건너서 아는 출판사 사장의 권유로 『경전에 쓰지 않을 것들』이라는 제목으로 책을 몇 권 내기도 하였으나 재연이나 출판사 사장의 지인들이 팔아준 것을 제외하고는 반응이라고 할 만한 것이 없었다. 원재연은 공책에 신을 만났던 일에 대해서도 쓰곤 했는데, 일화의 말미에는 꼭 이 얘기는 경전에 쓰지 않을 것이라는 말을 덧붙이곤 했다. 그로부터 8년이 지났는데, 원재연이 지금 어디서 무엇을 하면서 살고 있는지 나는 전혀 모른다. 산으로 갔는지 바다로 갔는지 어디론가 값이 싼 곳으로 갔을 것이다. 재연이 예전에 출판했던 책들은 이제 몇몇 지인들의 서가에 꽂혀, 가끔 우리가 만나서 얘기하기로, 어쩌면 그냥 그 책들을 경전이라고 불러도 되지 않겠냐고들 한다. 그가 16세기에 서양에서 태어나기만 했어도, 야훼랑은 상관 없는 신을 영접했다는 이유로, 이미 그의 공책은 불경한 책이 되고, 신문도 받고 감옥에도 갇히고, 어쩌면 처형을 당했을지도 모를 일이다. 그러나 재연은 어디 갇혀서도, 지금까지 자신이 쓴 것들은 자신이 쓰지 않을 것들을 쓴 것일 뿐이라고 주장했을 것이다. 그러나 원재연보다 비교적 생활력이 강한 시인인 내가 보기에, 모든 것은 순서의 차이인 것이다. 쓰지 않을 것들을 쓴다고 천명하지 말고, 나중에 내가 쓴 것들은 쓸 필요가 없는 것들을 쓴 것이다. 그렇게 천명하는 것이 확실히 생활에는 도움이 된다. 그렇게 손바닥 뒤집듯이 살아도 몇 푼 벌지는 못하겠지만. 어차피 일기라는 것이 손바닥을 어떻게 뒤집었는지에 대한 기록이라고 나는 생각한다. 나는 남이 열심히 쓴 일기를 읽는 것이 그렇게 좋다.

추모 도서 출간 파티

조금 유명했던 사람이 마흔둘에 죽어서 그를 알던 사람들이 안타까워하였다 그를 모르던 사람들도 그가 마흔둘에 죽었다는 소식을 어디선가 듣고 그가 어떤 사람이었는지 궁금해하였다 그 사람과 친분이 있던 사람들이 주도하여 그 사람의 인생에 대한 글을 여러 사람에게 받아 추모 도서를 냈다 그 책의 출간 파티가 있었다 그가 죽었을 시기에 한국은 코로나19 전염병으로 인해 상점이 저녁 10시까지만 열었고 5인 이상 집합 제한이었고 집필에 참여한 사람들이 5명이 넘어서 5인 이상 모이긴 했지만 테이블을 구분하여 떨어져 앉았고 평균 맥주 두 잔씩을 마시고 집으로 돌아들 갔으며 코로나19 이전에는 출간 파티가 열리면 새벽까지 술을 마시고 집에 돌아갈 때 길에서 택시 기다리는 것도 일이었는데 이렇게 10시에 헤어지니 좋네 대부분의 사람들이 나와 같은 생각을 했다 어떻게 아냐면

  시간이 흘러

추모 도서가 절판이 되고 그때 출간 파티에 있었던 사람들에게 물어보았다 그날 10시 전에 헤어져야만 해서 어땠냐고

참 깔끔한 행사였다고 말하는 사람도 있고 일찍 헤어져서 아쉬웠지만

그래도 일찍 헤어져서 집에 가서 누워서 추모 도서를 읽으며 그를 추모하며 꺼이꺼이 울었다는 사람이 있었고

조금 울었다는 사람도 있었다

사랑하는 내 남편 당신의 추모 서적 출간 파티는

산뜻하게 기억되고 있어요

좋죠

2021. 04. 02. 믿음

그런 일은 불가능하겠지만. 내가 더는 같이 사는 고양이를 사랑하지 않게 된다면 한지의 마음이 어떨까. 나는 눈앞에 한지만 보이면 호들갑을 떨면서 한지에게 사랑을 고백하지. 한지는 내가 호들갑을 떨지 않고, 컴퓨터나 폰으로 게임이나 하면서 딴 세상에 살고 있을 때 마음이 어떨까. 내가 딴 생각에 빠져 있을 때. 갑자기 행복하지 않을 때. 내가 행복한 건 한지 때문이니까. 갑자기 한지가 없는 것처럼. 산다는 것에 대한 어떤 철학적 고민도 하고 싶지 않을 때. 그러다가 아 맞아 우리 집에는 한지가 있지. 다시 알게 되기 전까지. 한지는 어떤 마음일까. 오늘 아침달 서점에 『1월의 책』, 『6월의 책』, 『12월의 책』에 서명하러 갔다. 온라인으로 책을 주문한 사람들이 자신의 이름과 하고 싶은 말을 써놨더라고. 그걸 보고 사인을 하고, 나도 하고 싶은 말을 쓰면 됐는데. 사람들이 내 글을 읽게 되어서 좋다고. 내가 좋다고. 고맙다고들 써놨더라고. 이런 복이 또 없다. 정말 많은 사랑을 받고 있구나. 그렇게 생각하며 서명을 하고, 너무 많아서 다 하지 못하고. 다음에 또 와서 하기로 하고 집으로 돌아오면서 갑자기 연극 공연이 끝난 배우처럼. 객석이 빈 무대처럼 되었다. 사랑을 받고 사랑을 까먹고 얻는 슬픔이 세상에는 있고. 나는 한지가 걱정됐다. 하지만 집에 도착하자 한지는 간식을 달라고 했고. 간식은 좋겠다. 한지는 자면서도 간식을 사랑하는 것 같으니까. 간식은 슬프겠다. 한지가 가끔은 간식을 사랑하지 않을 수도 있으니까. 이런 생각은 다 멍청한 생각이다. 믿음이 없는 생각. 나는 종종 이렇게나 믿음이 없다.

오줌을 안 싸는 친구

2021. 04. 03.

친구가 비밀인데 사실 자기는 오줌을 싸지 않는다고 했다. 그럼 땀구멍으로 모든 노폐물이 나오니? 아니 비밀이야. 이거 말하면 잡혀가. 아이고. 고생이로구나. 니가 잡혀가면 내가 반드시 구할게. 소명 운동 할게. 오줌 안 싸는 비밀 밝혀서 잡혀간 내 친구를 구해달라고 세상 사람들에게 호소할게. 아니 그게 아니라. 비밀 들은 사람이 잡혀가. 아, 그럼 말하지 마. 난 잡혀가기 싫어. 그런데 너 진짜 오줌 안 싸니. 그런 셈이지.

2021. 04. 14.   자주

고양이가 죽음 갈망을 방해하고 있는데도 계속 죽음을 바라게 되어서 괴로웠다. 불과 몇 주 전만 하더라도 더는 진실로 죽음을 바라지 않게 되었구나 이건 이것대로 크게 문제가 있는 것은 아닌가 싶었는데. 최근에 나는 극적 사건을 상상하지 못하게 되었다. 흥미로운 서사가 잘 떠오르지 않았다. 흥미로운 서사란 무엇인가? 어쨌든 며칠 우울했던 것은 환절기 때문인 것 같다. 자주 환절기다.

2021. 04. 17. 모면

하고 싶지 않은 이야기를 하고 싶은 이야기로 만들기 위해서 나는 춤을 추고 노래를 하거나 높은 음역대의 목소리로 빠르게 떠들거나 낮은 음역대의 목소리로 갑자기 모든 것을 천천히 흐르도록 했다. 왜 흥분하면 재밌게 말하는 것일까. 흥분하면 다른 사람으로서 말하게 되기 때문이다. 타자가 될 수 있기 때문이다. 그러나 꼰대들의 흥분은 그들을 타자가 아니라 자신이 꿈꾸는 자기 자신으로 만든다. 그리고 누구나 꼰대일 수 있다. 그러니까. 흥분하여 타자가 될 수 있도록, 흥분을 무조건 몰아내는 것이 아니라, 흥분으로 하여금 자기 자신을 강조하지 않도록 돕는 것이 중요하다. 내 퍼포먼스가 타인으로 하여금 나 자신으로 여겨진다면. 그렇게 여겨지지 않게 하는 방법을 고안해야 한다. 고안이 아니다. 발견이다. 우리는 어떻게 잘 모면하면서 살았는가.

2021. 04. 19. 고문

지난 수업에서 우리는 에드워드 사이드의 『말년의 양식』을 읽었습니다. 제가 책에 대한 설명도 조금 했죠. 그다음 날 저는 제가 했던 강의를 그대로 제 친구 몇에게 다시 했습니다. 강의가 마음에 들지 않았기 때문에, 어떻게 하면 더 흥미로운 얘기들을 할 수 있을지 시험을 해보고 싶었어요. 그래서 친구들 앞에 서서 춤을 추면서, 흥분해서, 아주 커다란 목소리로, 빠르게, 천천히, 내가 생각하는 『말년의 양식』이 어떤 책인지에 대해 설명하였습니다. 그리고 결론은 이거였어요. 말년의 양식은 스스로를 타자로 만드는 양식이다. 저는 접이식 의자를 들고 휘두르면서 반복하여 말했습니다. 말년의 양식은 스스로를 타자로 만드는 양식이다. 우리는 예술 작품 속에서 우리 자신을 타자로 만들어야 한다.

글쎄요. 쉽게 말하면 이런 얘기겠지요. 우주가 너무 크고요. 우린 너무 작고요. 그래서 우리는 안도감도 얻고, 비참함도 얻겠지요. 안도감 속에서 즐거운 허밍이 나올 수도 있을 것이고, 비참함은 우리가 얼마나 보잘것없는지, 이제껏 어떤 계몽, 발전, 진화를 위한 단계라고 누군가가(나 자신이) 주장했던 것들이 그저 자기애와 자기동일성에서 나온 폭력은 아니었는지 다시 고민하게 해주겠지요. 커다란 우주와 작은 자신과 안도감과 비참함에 대해서 얼마나 할 얘기가 많은지. 우리가 그것들을 인식하는 게 얼마나 많은 새로운 인식을 가져다주는지에 대해서. 그 인식들에 대해서. 우리는 평생 이야기를 나눌 수 있고요. 이해하고, 새로 이해할 것들을 찾아 나서는 이런 비평적 행위들을 예술이라고 부를 수 있지 않을까? 당연히 그럴 수 있겠지요. 하지만 이상하게도 저는 이런 얘기들이 여러분이 시를 쓰는 데 도움이 되지 않을 것 같아서 두려워지기 시작했습니다.

저는 가끔 두렵습니다. 내가 정말로 안심하고 있는 것인지, 정말로 비참해하고 있는 것인지 파악이 되지 않기 때문입니다. 글을 다 쓰고 나서 내가 쓴 것들이 기만적이었다고 평가하는 일은 어렵지 않습니다. 그러나 글을 쓰기도 전에, 글을 쓰는 와중에 내가 사실 즐겁지도, 비참하지도 않다는 사실을 깨닫고 있다면 얘기가 달라집니다. 제게 있어 가장 큰 비극은 내가 컨트롤할 수 없는 것과 마주하는 것입니다. 좋아하는 사람에게 좋아한다고 고백하고 차이고, 이제 더는 고백해도 내 뜻대로 되지 않을 것임을 체감할 때 괴롭습니다. 함께 사는 고양이가 갑자기 내게 영원히 곁을 내어주지 않기로 결심하는 일입니다. 저는 거절당할 때 괴롭습니다. 이제 내가 할 수 있는 일이라곤 없을 때. 저는 제가 살아 있음을 비로소 느낍니다. 왜냐하면 이제까지 나는 내가 할 수 없는 일에 대해서는 생각하지 않았으니까요. 내가 할 수 없는 일이 정말로 없다고 여겨질 때. 내가 이해할 수 없는 일이 실로 존재할 때. 어떤 일에는 내가 이해할 수 있다는 가능성조차도 없다는 것을 체감할 때. 그래도 시간은 흐르고 있고. 나는 거절당한 채로 여기에 남겨져 있고. 그래도 시간은 흐르고 있고. 내가 쓴 시는 나를 여기에 둔 채로 어디론가 계속 갑니다. 그리고 나는 그 시를 따라서 어디론가 가거나. 아니면 그 시가 가지 않은 쪽으로 갑니다. 에드워드 사이드의 책을 인용해서 말하자면. "나는 먼저 무엇이 파악될 수 없는지 진실로 파악한 다음 그래도 어떻게든 하기 위해 앞으로 나아갑니다." 여기서는 앞이라는 말이 가진 함의에 대해서는 자세히 설명하지 않겠습니다. 그저 헤겔의 변증법이 보장하는 '앞'이 아니라고만 말해둘 수 있을 것 같습니다. 다음은 아주 옛날에 제가 쓴 「귀신의 용도」라는 시입니다.

귀신의 용도

앙투안은 엎드려서 그렸다. 앙투안 너 지금 형광펜으로 그리고 있니? 너 형광펜이 뭔지는 알아? 게다가 그건 아저씨 형광펜인데…… 앙투안은 스케치북 열다섯 장에 열일곱 명이 있다고 했다. 부모님, 친구들, 동물 친구들. 그러나 형광펜으로? 새하얀 스케치북에? 앙투안, 아저씨는 눈이 나빠서 정확히 뭘 그렸는진 모르겠지만, 네가 그린 그림들은 몸에 비해서 얼굴이 무척 큰 것 같구나. 앙투안은 불이 꺼진 화장실로 스케치북을 들고 들어갔다. 한참을 그렇게 화장실에서 스케치북을 획획 넘겼다. 앙투안? 무섭지 않니? 너는 껌껌한 걸 싫어하잖아. 시무룩한 표정으로 밖으로 나와, 그 애는 베란다 위에 그림을 한 장씩 늘어놓았다. 앙투안, 뭐 하는 거니? 햇빛을 모으고 있어. 내가 그린 사람들이 귀신이 되게. 앙투안 마리 로제…… 세상에 하나뿐인 꼬마 친구야. 무슨 얘긴지는 잘 모르겠지만 아저씨는 너를 응원한단다. 저녁이 되자, 앙투안은 그림에다 딱풀을 먹여 치덕치덕 벽에 발랐다. 한 장, 두 장, 열다섯 장…… 아저씨, 빨리 불을 꺼! 이제 곧 귀신들이 나타날 거야. 불을 꺼도 귀신은 안 나타났고, 앙투안은 울음을 터뜨렸다. 아저씨 형광펜은 가짜야. 그림이 하나도 안 빛나잖아? 애야, 생텍쥐페리, 앙투안 마리 로제 드 생텍쥐페리. 형광펜은 밑줄을 긋는 펜이야. 야광 스티커랑은 다른 거란다. 그러나 앙투안은 계속 울었고, 나는 상자 하나를 그려주었다. 이 상자 안에 귀신이 있어. 상자 안에서 빛나고 있어. 그러나 내 어린 심판관은 계속 울었다. 안으려고 하니까 세게 밀쳤다.

내 어린 심판관이 나를 세게 밀쳤을 때. 저는 이 시가 저와는 상관없는 무엇이 되었음을 직감적으로 깨달았습니다. 그리고 이 시가 저를 상관하지 않는다는 것도 알았습니다. 자기 자신을 타자로 만드는 일은 정말로 거절당하는 순간에 있습니다. 다소 인내심이 없으며 인생의 즐거움보다는 비참함을 더 좋아하던 저에게 있어서, 이 시는 저를 정말로 비참하게 만들었고. 동시에 아주 슬픈 해방감을 선사하였습니다. 저는 이 시를 쓰기 위해서 앙투안이 되었고, 아저씨가 되었으며, 김승일로서 우는 아이를 안아보려고 시도하였습니다. 이 시는 참 운 좋게 쓰여진 것 같습니다. 저는 그저 생텍쥐페리가 어린 날 어떤 실험을 하다가 실패하고 처참해지면 좋겠다고 생각하면서 시를 쓰기 시작했고. 그러다 그 실험을 관찰하던 사람이 거절을 당했고. 그리고 그 모든 것을 관찰하던 제가 거절을 당하게 되었습니다. 이 시를 쓰고 나서 아주 오랜 시간이 흐른 뒤에, 저는 저를 거부하기 위해서는 먼저 제가 만든 화자가 거부당해야 한다는 것을 깨달았습니다. 어떤 사람이 거절을 당하는 장면을 쓰고 있을 때. 제가 방심한다는 것을 깨달았던 것 같습니다. 그리고 거절은 그 방심을 통해 작가에게로 침입합니다.

비평과 예술 창작을 어떻게 분리해야 할지는 잘 모르겠지만. 자신이 하는 일이 비평이거나 관찰일 때. 혹은 어떤 이의 실험을 제3의 입장에서 바라보는 일일 때. 거절당하는 사람은 당신이 아닌 경우가 많습니다. 만약 비평이 예술일 수 있다면. 비평은 거절을 당해야 합니다. 그러나 비평은 많은 경우 거절을 당했을 때에도 대화를 이어나가고자 합니다. 계속 생산적인 이야기를 하고자 합니다. 아니면 이 모든 상황을 정리하여 다시 설명하고자 합니다. 그러나 시인을 거절한 시는 제 마음대로 어디론가 갑니다. 시인은 그것을 받아들일 수밖에 없습니다. 여기서 시인이 받아들이지 못하는 것은 자기 자신뿐입니다. 그 비참한 순간을 찬양한다고 해서 우리가 그 비참한 순간을 겪을 수 있는 것은 아닙니다. 우리는 더 교묘하게. 스스로를 방심시킬 필요가 있으며. 자기 자신을 가장 겸허한 순간으로 초대하기 위해 갖은 수를 써야 합니다. 제가 여러분에게 전하고자 하는 것이 이것입니다.

2021. 04. 20. 완화

「좀비는 환절기에 민감한가?」라는 제목으로 시를 쓰기로 했다. 어제는 수업에서 할 얘기들을 글로 써보았고, 작업실에 가서 처음으로 내가 쓴 『12월의 책』을 읽었다. 어제 쓴 얘기들이 이미 작년에 한 얘기들과 크게 다르지 않다는 것을 깨달았다. 「귀신의 용도」라는 시에 대한 코멘트도 이미 있었다. 물론 조금 더 구체적으로 다루긴 했지만. 아내가 『12월의 책』의 글들이 단순히 그날그날의 일기가 아니라 『12월의 책』을 매일 한 페이지씩 쓴 것처럼 보인다고 했다. 내가 보기에도 그렇게 보였고 그건 참 좋은 일인 것 같다고 생각했지만. 그리고 했던 얘기들을 다시 꺼내면서 계속 조금씩 달라지는 게 얼마나 즐거운 일인지도 잘 알고 있지만. 작법에 관한 얘기 말고도 그냥 읽을 만한 짧은 이야기들을 더 많이 써봐야겠다는 생각이 들었다. 거절당하기 연습이거나. 콧노래 같은 것들. 그런 것들을 쓰려고 카페에 왔는데 뭐가 잘 떠오르지가 않네. 헛소리를 하다가. 헛소리를 하다가. 어 이상하네. 헛소리를 하고 있었는데 갑자기 이게 헛소리가 아닌데. 아니 헛소리이긴 한데. 이상하네. 그렇게도 하농을 쳤으면 좋겠다. 픽션을 만드는 일이 조금 더 일상적인 일이 되도록. 긴장을 조금 내려놓을 수 있도록. 기타를 다시 쳐보는 것은 어떨까. 좋지도 나쁘지도 않은 노래를 매일 조금씩 만드는 것은 어떨까. 좋겠지. 그런데 요즘 자금 사정이 좋지 않다. 5월 카드값이 두렵다. 다이어트 도시락을 먹기로 했다. 지금 내 몸무게는 70kg이고. 60kg이 됐으면 좋겠다. 살이 너무 쪄서 눈이 너무 작아졌기 때문이다. 내 눈은 원래 작지만. 그래도 보이긴 했으니까. 나는 남들에게 내 눈이 보였으면 좋겠다. 이상하게 거울로 보면 내 눈이 잘 보이는데. 동영상이나 사진으로 찍으면 내 눈이 잘 보이지 않는다. 눈 주위가 너무 부어 있다.

2021. 04. 21.　　　　　　　　　　　　　　　　　　　방문

혼자 있는 게 너무 힘들어요. 혼자 있으면 내가 뭔지 잘 모르겠어요. 몰라도 괜찮다고 말해주는 사람이 있어야 돼요. 그래서 당신에게 찾아왔어요. 몰라도 된다고 말을 해주세요. 나는 몰라도 된다는 말 대신에, 알고 싶어 하는 것은 아주 당연한 일이라고. 그래서 몰라도 된다는 말을 듣고 싶은 것도 아주 당연한 일이라고. 매일 아침에 일어나 내가 뭔지 잘 몰라서 괴롭다가, 샤워를 하고 몸을 말리라고. 창을 아주 조금 열라고. 그러면 바람이 들어오고 햇살도 들어온다고. 바로 그 순간 중얼거리라고. 몰라도 괜찮아. 그렇게 하루를 시작하라고 말해주었다. 다음 날 너는 내게 찾아와 오늘은 바람도 없고, 햇살도 없어서 스스로에게 몰라도 괜찮다는 말을 하지 못했다고 말했다. 몰라도 된다는 말을 해달라고 했다. 나는 몰라도 된다는 말 대신에 얼마나 많은 것들이 당연한지. 그럴 수 있는지. 그럴 때 어떻게 해야 하는지를 말해주었다. 그럴 때 그렇게 할 수가 없었어요. 너는 다시 찾아와서 내게 그렇게 할 수 없었다고 하고, 그럴 땐 어떻게 해야 하는지 말해주었다. 혼자서도 외롭게 느껴지지 않으려면 어떻게 해야 하는지 말하면. 그렇게 해봐야겠다고 말하며 너는 집으로 돌아간다. 희망에 차서. 이제 전보다는 외롭지 않을

거라고 믿으면서. 그렇게 너는 집에 도착한다. 만약 네가 집에 도착하지 않는다면. 너는 계속 희망에 차서 살아가겠지. 하지만 집으로 돌아가서 잠을 자고 일어나면 내가 전한 리빙 포인트는 금방 쓸모를 잃게 되고. 너는 다시 나를 찾아오는 것이다. 그렇지만 집으로 돌아가지 말라고는 말할 수 없다. 네가 내 앞에 있으면 나는 뭐라도 된 것처럼 굴고. 네가 집으로 돌아가고 있을 때 나는 혼자 중얼거린다. 나는 뭣도 아니야. 나는 아무것도 아니야. 나는 혼자야. 네가 집에 도착했다. 그건 네가 나를 찾아올 거라는 뜻인가? 아닐 수도 있다. 아닐 수도 있기 때문에. 나는 네가 영원히 찾아오지 않을 거라고 믿으며. 잠시 기쁨에 젖는다. 그리고 네가 찾아온다. 나는 멀리서 네가 오는 것을 느끼며 기쁨에 젖는다. 모두 아주 당연한 일이다. 나는 항상 여기에 있다. 어처구니없이 당연하게도.

뭔가를 죽이는 게임을 하면서 주인공이나 아바타를 움직이면서. 이 세계가 나를 사랑하기를. 모든 사람들이. 모든 좀비가. 모든 개가. 모든 고양이가. 모든 날씨가. 그러면서 앞으로 가면서. 옆으로도 가면서. 가기 위해 죽이면서. 복수를 하면서. 죽이고 안도의 한숨을 쉬면서. 모두가 나를 사랑하기를. 죽은 사람은 너를 사랑하지 못한단다. 아무도 그렇게 말하지 않고. 로봇의 사랑은. 좀비의 사랑은 너의 사랑과는 본질적으로 다르단다. 이미 알고 있어도 이 세계가 나를 사랑하기를. 온라인 게임에서 적을 죽이면서. 죽은 사람이 모니터 뒤에서 나를 사랑하기를. 내가 아군의 짐만 되더라도 아군이 나를 사랑하기를. 모두에게 사랑을 받기를. 바라는 사람은 참으로 답답한 바보들이라고 생각하는 사람이 뭔가를 죽이는 게임을 하면서 모두에게 사랑받기를 바라고 있다.

2021. 04. 26.   이유

우리 이제 아주 긴 시간 못 만나요. 왜죠. 어디 가시나요. 아니요. 그럼 제가 싫어지신 건가요? 원래 좋기도 하고 싫기도 했어요. 그럼 왜 갑자기? 휴. 이런 대화가 될 거라고 이미 상상했어요. 그래요. 이제 저는 여행하는 사람으로 살겠어요. 처음 만날 때부터 저는 여행자입니다. 그렇게 재수 없게 나 자신을 소개하겠어요. 헤어질 때 별다른 이유가 필요하지 않게. 그래서 모두를 진심으로 사랑하겠어요. 당신을 떠나는 건 당신의 흠집 때문이 아니에요. 나는 그냥 어디 가야 하는 사람이고. 당신의 흠집도 엄청나게 먼 어딘가에서는 그저 애처로움으로 여겨질 것입니다. 목포에서, 싱가포르에서, 울릉도에서, 양천구에 사는 당신의 그 빛나는 선함, 당신의 애정결핍 같은 것들을 떠올리며, 아 내가 당신을 얼마나 좋아하고 있는지 계속 확인하겠어요. 당신을 떠날 때 나는 당신에게 상처를 주지 않을 수 있어요. 내가 그냥 떠나기 때문이죠. 떠나야 하는 이유 없이 나는 그냥 떠나요. 굳이 말하자면 당신을 사랑하고 있고 사랑하기 위해. 안녕.

2021. 04. 28. 끌림

최근에 쓴 글들엔 누군가를 사랑하는 데 문제를 겪고 있는 인물이 등장한다. 다소 위악적으로 자신을 사랑하는 사람들에게 당신들을 사랑하기 위해서 내가 어떻게 해야 하는지, 어떻게 하고 있는지 설명하는 사람이 등장한다. 그 사람은 그런 사람인 주제에 세상의 모든 존재가 자신을 사랑하기를 바란다. 그런 일이 절대로 일어나지 않을 것임을 잘 알고 있으면서도. 그리하여 좀비 시에 등장할 어떤 사람은. 과거에 나를 좋아했던 사람이면 좋겠다. 지금 그 사람이 내 앞에 있다면 나는 아마도 그 사람을 좋아할 것이다. 그 사람은 이제는 나를 예전처럼 좋아하지 않지만, 예전에 나를 좋아했기 때문에 이상한 관성 탓으로 아직도 나를 조금은 좋아하고 있다. 그 사람의 호의와 설렘 때문에 나도 그 사람을 좋아하고 있다. 그러나 우리가 많이 만난다면. 일정한 시간을 함께 지낸다면. 문제가 생길 것이다. 그러니까 우리는 멀리 떨어져야 한다. 우리는 만나서는 안 된다. 우리는 마주쳐야만 한다. 아주 잠깐 마주쳐야만 한다. 나를 좋아했던 당신은 좀비 영화에서 좀비 분장을 하고 천천히 걸어 다니고 있다. 당신은 엑스트라인가? 주연 배우인가? 그건 아직 모르겠다. 당신은 그 영화에서 좀비다. 동시에 나를 좋아했던 사람이고,

나를 좋아할 때 당신에게는 애인이 있었다. 당신은 나와 불륜 관계에 있고 싶어 했다. 그러고 참 오랜 시간이 흘렀군. 당신은 지금 좀비로 분장하고 있다. 당신이 만약 좀비라면. 좀비는 환절기에 민감한가? 나는 당신에게 호감이 있다. 나는 당신에게 이끌린다. 그건 당신이 영화에 등장하기 때문이고. 우리가 10년 넘게 만나지 않았기 때문이고. 당신이 좀비이기 때문이고. 내가 아주 궁금하기 때문이다. 좀비는 환절기에 민감한가?

2021. 05. 04. 　　　　　　　　　　　　　　　　　　　　어두운 맵

총 쏘는 게임을 많이 하고 있어서 꿈에서도 총 쏘는 게임을 많이 하고 있다. 어제 꿈에서도 총 쏘는 게임을 하는데, 완전한 어둠 속에서 사람들이 서로에게 총을 쐈다. 누가 총을 쏘면 화약이 터지면서 불빛이 잠깐 번쩍이고, 아 거기 누가 있구나 싶어서 그쪽으로 총을 쐈다. 그러면 불빛이 잠깐 반짝여서 내가 어디에 있는지 알려주고, 사람들이 내 쪽으로 총을 쏠 수 있으니까 총을 쏨과 동시에 어디론가 몸을 확 던져서 사람들이 나를 쏠 수 없게 했다. 결국에는 자기가 어디에 있는지 알려주기 싫어서 아무도 총을 쏘지 않았다. 나는 기관총을 가지고 있었고, 이걸 무차별로 연사해서 쏘면 다 죽일 수 있을 것 같았다. 그치만 계속 불빛이 생기니까 이걸 쏘면 사람들이 내가 어디에 있는지 다 알게 되겠지. 그래서 기관총을 쏘지 않고. 쏘는 상상만 계속했다. 그렇게 억겁의 시간 동안 기관총을 쏘는 상상을 했다. 화약 불빛에 비친 내 얼굴을 상상했다. 너무나도 쏘고 싶었다. 원을 그리면서 사방으로. 그리고 시간이 좀 지나서 날이 밝았다. 나는 어떤 도시에 있었고, 관광객이었다. 동틀 녘에 있었다. 길에는 사람이 없었다. 갑자기 엄청나게 큰 우윳빛 슬라임 괴물이 나타났다. 그걸 쏴서 죽였다. 뒤에서 어떤 차가 빵빵거렸다. 차

에서 내 친구 민정기 부모님이 내렸다. 이거 니가 쏴서 죽였니? 네. 아이고 정말 잘했구나. 근데 이게 뭐니? 저도 몰라요. 어쨌든 칭찬을 계속 받았다. 그러다 꿈에서 깼다.

2021. 05. 07. 　　　　　　　　　　　　　　　　　호흡

아마 수면 무호흡 때문이겠지. 잠에서 깰 때마다 잠수하고 나온 것 같다. 바다 잠수도 아니고 수영장 잠수도 아니고. 세숫대야도 아니고. 잠영도 아니고. 깊은 진흙 구덩이에 빨려 들어가서 바닥에 닿았다 올라온 것도 아니고. 다 아니다. 그냥 숨을 참았다가 뱉은 것도 아니고. 다 아니다. 잠수하고 나온 것 같기는 하다. 꽤나 깊은 곳으로. 나는 괴롭다. 잠이 잠이 아니라 잠수라서. 정말로 축축하다.

2021. 05. 11.   무방비

어제 누워서 한참을 생각했다. 20대 얘기를 써야겠다고. 기뻤던 얘기들을 써야겠다. 기뻤던 얘기만 쓰려고 해도 글의 대부분을 차지하는 건 멍청한 실수들의 나열이 되겠지. 그러니까 더더욱 기뻤던 얘기를 써야겠다. 그래야 멍청한 실수들의 나열만 쓰게 되진 않을 것이므로. 무엇이 기뻤는지 쓰다가 보면. 그것 자체로도 부끄러울 것이다. 침대 위에서 내려온 손을 잡아서 기뻤고. 만나기로 한 장소에서 기다리다가 네가 나타나지 않아서 괴로웠고. 그러다 가끔은 나타나서 기뻤고. 편지를 써서 기뻤고. 시를 써서 기뻤고. 칭찬을 받아서 기뻤지. 더 있을 거야. 많겠지. 에필로그가 되지 않도록. 멍청한 실수들을 멍청한 실수로 묘사하지 않으려고 노력하면서. 왜냐면 그땐 꼭 그렇게 해야만 한다고 생각했으니까. 그래서 보는 사람들이 더 하찮게 볼 수 있도록. 사람들은 하찮은 걸 볼 때 안심하지. 안심하는 게 참 중요해. 안심한 사람들에게만 말을 걸 수 있으니까. 20대 얘기를 써야겠다. 시에다가 써야겠다. 쓸 수 있을까.

20대 때 어떤 인터뷰에서. 시간이 지나면 지금 얘기도 쓸 수 있겠죠. 시간이 얼른 지났으면 좋겠어요. 그렇게 말하곤 했다. 그러곤 종종 아득한 미래에서 20대의 시간을 회상하는

시를 썼지. 2450년에서 2010년을 회상하는 시를. 지금에 대해서 말하는 게 너무 힘들었다. 어쩐지 너무 더러웠으니까. 아득한 미래도 어쩐지 더러운 것 같았고. 더러운 그곳에서 더러운 이곳을 바라보면 어쩐지 안심이 되었다. 더러운 게 더는 더럽지 않고. 그냥 바뀌지 않는 무언가가 되어서. 집처럼 아늑한 무언가가 되어서. 무방비 상태가 되어서. 무언가에게 거절당하기 딱 좋았다. 단순한 불면증이 아니라. 결정적인 무언가를 깨달은 사람이 되어. 눈물을 줄줄 흘리며 나는 끝이다. 앞으로도 나는 갖고 싶은 것을 가질 수 없을 것이다. 그렇게 절망하기 딱 좋았다. 내겐 이제 그 무엇도 결정적이지 않아. 나는 그걸 깨달은 사람처럼 군다. 나는 안심하고 있는 것일까. 무엇인가가 나를 때려주기를. 최근에 자동차 트렁크를 열고 닫다가 이마에 혹이 났다. 맞는 순간 너무 아팠는데. 바로 든 생각은 다음과 같았다. 그래 이렇게 맞을 수도 있지. 다칠 수도 있지. 나는 아마 죽었어야 했던 것 같다. 죽지 않아서 다행이지만.

2021. 05. 12.   썩은 미래

일단 오늘 수업은 밀린 합평을 하는 것으로 한다. 에필로그 낭독회를 따로 열면 좋겠다. 내일은 시를 완성한다. 금요일에는 윤키님을 만나고, 문보영, 강상헌님과 대화 작업을 한다. 토요일에는 일기를 쓰고, 독서는 하지 않았지만 독서 모임을 하고, 새로운 시에 대해서 생각하고. 일요일에는 일기를 쓴다. 여건이 허락되면 에필로그 낭독회를 일요일에 한다. 월요일에는 사업자를 낸다. 일기를 쓴다. 만약 에필로그 낭독회가 가능하지 않으면 유튜브 영상을 하나 찍어서 공유한다. 다음 주 화요일에 가능하면 유튜브 촬영을 한다. 무슨 책이든 읽어야겠다. 어딘가가 썩어서 뇌가 썩었다. 뇌가 썩어서 어딘가가 썩었거나.

2021. 05. 15.　　　　　　　　　　　　　　　　　　　　　총비

비가 옵니다. 저는 어제 대화를 많이 했습니다. 더 재밌게 할 수도 있었을 것 같습니다. 동물들에겐 담백한 수사가 어울립니다. 인간에게는 그 어떤 수사도 좀처럼 어울리지 않습니다. 좀비에겐 어떨까요? 동물들을 묘사하고, 인간을 묘사하고, 좀비를 묘사하면서 다음 시를 시작해야지. 그렇게 생각하니 뭐라도 한 것 같아서 기분이 좋았습니다. 정말 멋진 인트로가 될 것입니다. 이번 시에서 좀비는 사실 좀비가 아니라 좀비로 분장한 사람이기 때문에 묘사하기가 더 복잡할 것 같습니다. 동물도 아니고 인간도 아닌데 사실은 인간이기 때문입니다. 전 이렇게 복잡한 무언가가 참 좋습니다. 단순한 무언가도 좋습니다. 좋아하는 것이 꽤 있습니다. 비는 좋아하지 않습니다. 비는 내가 무언가를 묘사하는 것을 방해합니다. 사실 내 눈앞에서 비가 내리지 않고 있어도, 어디에선가 비가 내리고 있기 때문에. 나는 항상 어딘가 망가진 사람처럼 삽니다. 여러분은 안 그렇습니까? 그러면 다행입니다. 사람들이 비에 영향을 받지 않았으면 좋겠습니다. 비 오는 날 자전거를 타고 가는 저 사람의 티셔츠가 젖지 않았으면 좋겠습니다. 이미 젖었군요. 집으로 갑니까. 집에서는 잠을 잘 수 있고. 총 쏘는 게임을 할 수 있습니다.

2021. 05. 16.   그러나

두 달짜리 여행. 마을로 들어오는 길이 너무 험하고 멀어서 관광객들이 찾아오기 힘든 곳. 그렇지만 원주민보다는 관광객이 더 많은 마을. 풍경을 쳐다보는 것 말고는 즐길 것이 거의 없는 곳. 집에 가서 빨리 총 쏘는 게임을 했으면 좋겠다는 생각이 절로 드는 곳. 그러나 마을을 빠져나가는 길이 너무 험하고 지난해서 쉽게 나갈 마음이 들지 않는 곳. 나는 그런 곳에서 시를 쓴다. 회상하면서. 이 두 달짜리 여행은 영원과 구별되지 않는 여행. 죽는 날처럼 언제인지 알아도 잘 모르겠는 그런 여행이 끝나고. 마을을 빠져나가는 버스 티켓을 끊고. 떠나기까지 세 시간 정도 남았고. 그런데도 끝나지 않을 것 같은 여행. 에어컨도 선풍기도 없는 버스에 올라, 28시간 동안 비포장도로를 달려야 공항이 있는 도시에 도착하는 여행. 그 도시에 내려서 다시 두 시간 동안 마을버스를 타고 달려야 공항에 도착하는 여행. 공항에서 비행기를 타고 집이 있는 나라로 돌아갈 수 있는 비행기가 서는 공항으로 두 시간 동안 비행해야 하는 여행. 거기서 다시 집이 있는 나라로 가는 비행기를 타고 일곱 시간 동안 날아가다가, 비행기를 갈아타기 위해서 홍콩에 내려야 하는 여행. 그 공항에서 다시 아홉 시간 동안 기다리다가 다시 비행기를 타

고 집이 있는 나라로 가는 여행. 그런 여행에서 쓴 시. 그 시에 등장하는 사람. 내가 매일 생각하는 사람. 함께 사는 고양이 같은 사람. 사라진.

2021. 05. 19.   지금은 좀비인 사람에게

나를 사랑해줘서 고마워요.

2021. 05. 22. 저딴 식

그저 조금 환상적인 이야기. 내가 가장 싫어하는 이야기 종류다. 물론 내가 쓴 대부분의 글이 약간 환상적인 이야기이긴 하지. 내가 감각하는 삶이라는 게 대부분 아주 약간 환상적이기 때문에 그건 어쩔 수 없는 것 같지만. 그저 조금 환상적이어서는 안 된다. 극적이어야 한다. 극의 특성을 띠고 있어야 한다. 실제적인 관계가 존재해야 하며 본래적인 긴장을 가지고 있어야 한다.

극장에서 좀비 영화를 보고 있어요. 좀비 중 하나가 제가 아는 사람인 것 같아요. 제 첫 키스를 빼앗아 간 사람이요. 예전에 누가 그랬는데 그가 목장 관광 가이드를 한다고. 예쁜 얼굴로 절뚝거리며 걷고 있네요. 사라졌네요.

오늘은 여기까지 썼고. 첫 키스와 예쁜 얼굴이라는 단어가 나와서 성적 긴장감을 주고 있긴 하지만 그것 말고는 그 어떤 긴장도 저 글에 없다. 다시 써야 한다. 나는 희곡을 구상해야 한다. 희곡을 구상하다가 시로 넘어가야 한다. 그게 그저 극적인 글을 쓸 수 있는 가장 친숙한 방법이기 때문에. 이번엔 그렇게 시작하지 않으면 그 어떤 긴장도 글에 존재하지 않을 것만 같다. 저딴 식으로 뭔가 있어 보이는 장면을 나열하느니 차라리 꿈 일기가 낫겠다.

2021. 05. 23.　　　　　　　　　　　　여기까지 썼다

산양의 뿔을 우직하다고 말하면 하나도 이상하지 않지만 강호동의 장딴지를 우직하다고 말하면 말은 되지만 뭔가 애매하다는 느낌이 드는 거야 착한 개, 착한 고양이, 뭘 자꾸 죽이고 있는 하마도, 착한 하마, 늠름한 하마 그렇게 불러도 이상하지 않지만 착한 강호동, 늠름한 인간, 날렵한 인간 그렇게 말해보면 적확하지 않다는 걸 알게 되는 거야 우직한 좀비, 착한 좀비, 늠름한 좀비 그렇게 표현할 때에 꽤 정확하다는 기분이 든다면 좀비는 어쨌든 더는 인간이 아닌 거야 인간에겐 뭐가 다 어색하고 잘 안 맞고…… 동물에겐 모든 게 다 어울리고 참 입체적이고 연극에서의 좀비도 인간이 분장한 것에 불과하지만 영화에 나오는 좀비로 분장한 사람이 더 인간이 아닌 거야 그래서 다들 좀비 영화의 좀비로 출연하고 싶은 거야 내 말이 맞지? 그래서 당신도 거기서 그렇게 다리를 질질 끌면서 걸어 다니고 있는 거지?

2021. 06. 04.　　　　　　　　　　　　　　　　　　　허그

나도 내가 누굴 안아주는 건 좋지만, 누가 나를 안으면 약간 답답하게 느껴지곤 해. 한지는 안기면 골골송을 잠깐 부르지. 아주 잠깐 그렇게 안겨 있다가 바로 발버둥을 쳐서 내 팔을 벗어난 다음. 사랑의 박치기를 한다.

항상 조금 추운 극장

　고양이와 함께 산 다음부터 고양이 얘기 아니면 할 얘기가 없게 됐어요 앞으로 남은 평생 고양이 얘기만 해도 되냐고 신에게 물었어요 그러지 말라네요 내가 고양이도 아닌데 당신은 어떻게 나를 좋아했나요 아직도 좋아하나요 극장에서 좀비 영화를 봤는데 좀비로 분장한 당신을 발견했어요 확실히 당신이었어요 표를 새로 끊고 극장에 앉아서 당신이 또 지나갈 때까지 기다렸어요 잠깐만 나오더군요 당신이 나를 좋아했을 때 당신은 만나는 사람이 있었죠 곧 헤어지겠다고 하고서는 헤어지는 것을 힘들어했죠 당신이 빨리 헤어지길 바랐어요 세월이 아주 많이 흘러서도 당신이 미웠어요 당신이 인간이라 그랬나 봐요 당신이 고양이라면 만나는 사람이 있든 말든 무슨 상관이었을까 오늘 극장에서 당신을 봤을 때는 밉지 않았어요 내일 또 당신을 보러 극장에 갈 심산이에요 신이시여 잘했지요 고양이 얘기로 시작하긴 했지만 고양이 얘기가 아닌 얘기를 했잖아요 옛날에 알았던 사람들이 전부 영화에 나왔으면 좋겠어요 좀비로요 극장은 항상 조금 추워요 세상의 계절은 항상 환절기고요 신에게 묻고 싶어요 좀비는 환절기에 민감한가요? 그렇다면 그렇지 않게, 그렇지 않다면 계속 그렇지 않게 도와주세요 그들은 아파도 얼마나 아픈지 말하지 못해요 눈물도 없고 가질 수 없고

2021. 06. 28. 기도

시의 신이시여 저는 싫어하는 것이 없습니다. 제가 무언가를 싫어할 수 있게 도와주세요. 시의 신이시여 고통은 좋은 것이라는 말을 이제는 신의 가르침이 아니라 신체 과학 다큐멘터리에서 듣고 고개를 끄덕이고 있습니다. 고통이 나쁜 것의 징조이기 때문에 고통이 나쁜 것을 피하게 하기 때문에 고통이 좋다는 말에만 고개를 끄덕이게 되었습니다. 그러니 제 손바닥을 관통하는 것 같던 우울감도 제가 피해야만 하는 무언가이지 더는 그 고통에 어떤 신비한 의미가 있다고 생각하지는 않게 되었습니다. 더는 신비한 것이 없으므로 제가 싫어할 수 있는 것도 없습니다. 제가 만약 무언가를 싫어한다면 그건 제가 더는 신비를 체험할 수 없도록 막고 있는 장막들 장애물들이겠지만 더는 그런 것들이 장막으로 여겨지지 않습니다. 그리고 어떤 장막은 누군가에게 그 자체로 신비라는 것을 알고 있사옵고. 저에게도 어쩌면 그 장막이 신비였다는 것을 알고 있사옵고. 더는 장막이 제게 신비가 아니라는 것도 알고 있습니다. 여행을 떠나고 싶습니다. 고행 같은 여행을, 고행이 목적은 아니지만 고통이 대부분을 차지하는 여행을. 운동 같은 여행을 떠나고 싶습니다. 그렇지만 저희 집에는 고양이가 있어요. 제가 떠나면 제가 없어져서 어리둥절할 고양이가 있어서 저는 여행을 떠나지 못합니다. 그리고 세상에 전염병이 퍼져 있어서 해외로는 가지 못합니다. 그러니 상상 속에서라도 떠나고, 상상 속에서의 여행에서 고통을 겪도록 도와주세요. 무언가를 싫어할 수 있게 도와주세요. 개똥과 벌레로 뒤덮인, 영원히 갈라질 것만 같은 골목길을 제가 상상 속에서 걷도록 해주세요. 그것이 그날의 일상이 되게 도와주세요. 고도가 높은 곳에서, 더 높은 곳으로 향하는 것이 목적이 아니라, 그저 고도가 높은 곳에서 며칠 지내야 하기 때문에 고산병에 걸리게 해주세요. 고산병이 금방 낫게 도와주세요. 하산하지 않도록. 그리고 거기 체류하는 며칠 동안 마치 취한 것처럼. 무기력하게 아침밥을 먹고 살구로 만든 기름으로 얼굴을 칠하고, 동네 찻집에 앉아 무엇이라도 써야겠어. 일기라도 써야겠어. 그렇게 머리를 싸매고 고민하게 해주세요. 저는 취하고 싶지 않습니다. 그러니 고도가 저를 취하게 해주시고.

2021. 07. 05.　지키면 좋을 것 같은 7월 5일에서 12일 사이의 계획

계획을 쓰고, 책을 조금 읽은 다음 시를 조금 쓴다. 집에 가서 잠깐 쉰다. 책을 읽는다. 밥을 먹는다. 비가 오지 않으면 운동장에 뛰러 가면 좋을 것 같다. 사업자 등록에 필요한 서류를 확인해서 챙긴다. 만약 집에서도 할 수 있으면 그냥 집에서 한다. 신작 책에 사용할 자료를 모은다. 이제껏 썼던 강의 계획서 목록이다. 일단은 모두 모은다. 서간체 강의 계획서만 따로 빼서 표를 약간 다듬는다. 아마도 말과활 강의 계획서에 맞춰서 다시 넣으면 될 것이다. 잔다. 일어나서 밥을 먹고 세무서에 간다. 만약 집에서 사업자 등록을 했으면 가지 않는다. 카페에 가서 책을 조금 읽은 다음 시를 쓰기 시작한다. 쓰다가 막히면 시 강의록 겸 시 창작 책을 쓰기 시작한다. 제목을 먼저 생각할 필요는 없다. 머리말을 먼저 쓸 필요도 없다. 서간체 강의 계획서를 조금 다듬는다. 글을 쓰기 시작한다. 집에 가서 쓰던 시에 대해서 생각한다. 운동을 간다. 집에 와서 밥을 먹고 쉰다. 아마도 게임을 할 것. 그러고 잔다. 조금 늦게 일어난다. 이날은 저녁 수업이 끝날 때까지 뭘 먹지 않을 예정이기 때문에 맛있는 것을 1.5인분 먹는다. 시를 조금 생각한다. NBA 결승전을 틀어놓고(어차피 집중해서 보지는 않을 것 같다) 시를 더 생각한다. 낮잠을 잠깐 잔다. 강의를 하러 합정에 간다. 『에듀케이션』을 가져가야 한다. 수업에 쓸 『에듀케이션』 전자책을 미리 말과활아카데미 컴퓨터에 다운받아 놓을 것. 오후 수업이 끝나면 저녁 수업 전에 카페에 가서 일기를 하나 쓴다. 저녁 수업 전에 시간이 많이 남으면 집에 다녀와야 할 것. 한지 밥을 줘야 한다. 만약 여의치 않으면 차에서 낮잠을 잘 것. 수업이 끝나면 집에 와서 배달 음식을 시켜 먹고 게임을 하다가 잔다. 일어나서 아침을 먹고 책을 읽을 것. 시간이 허락하면 한지를 병원에 데려가야 한다. 카페에 가서 시를 쓸 것. 조금 쓰다가 강의록 책을 다시 집필할 것. 제1장을 완성하는 것이 목표다. 그리고 집에 돌아와서 시에 대해서 생각할 것. 잠깐 쉬고 게임을 하다가 아마도 운동을 갈 것. 만약 금요일에 운동을 가게 된다면 이날은 운동장에 뛰러 가지 말고, 저녁을 먹고 잠을 자다가 새벽에 작업실에 가서 시를 하나 완성하기 위해 시간을 보낼 것. 금요일에는 백은선 안미옥을 만나서 밥을 먹고 놀다가 저녁에 운동을 가거나 그냥 계속 놀 것. 토요일, 일요일은 고창에 아내 아버지 생신이라 다녀올 것. 한지 밥을 누가 줘야 되는데. 고양이 시터를 예약할 것. 월요일은 일어나서 밥을 먹고 시를 생각하다가 카페에 가서 시를 쓴다. 「0월의 책 시리즈」 책 소개와 목차를 정리해서 쓸 것. 집에 와서 게임을 할 것. 그리고 운동을 가거나 운동장을 뛰거나 밥을 먹을 것. 그리고 게임을 할 것. 그렇게 12시가 다 되어서 잠을 잘 것. 비타민 C를 많이 먹을 것.

2021. 07. 06.   피처

자고 일어나니 심장이 욱신거리며 쿵쿵 뛰었다. 아마도 저혈압이기 때문에 그런 것 같다. 갑자기 일어나서. 너무 끔찍한 악몽은 자주 꾸진 않지만, 악몽이라고 할 만한 것은 자주 꾸는 것 같다. 꿈에서 나는 뭔가를 원하는 사람이다. 장기적 목표를 가질 때도 있지만 단기적 목표를 자주 갖고 있다. 나는 꿈에서 욕구하고 있고, 자주 이것은 내가 무언가 욕망하고 있다는 느낌을 준다. 최근 들어서 나는 내가 아무것도 원하지 않는다고 자주 생각한다. 원하긴 원하겠지. 그치만 그냥 재미가 없어서. 뭘 읽고 싶지도 않고, 쓰고 싶지도 않고, 이렇게 살면 안 되는데, 뭘 쓰고 싶지 않으면. 뭘 원하지 않으면. 시인이라고 말하고 다니기 애매하게 되는데. 그러면 안 된다. 꿈에서는 다르다. 나는 꿈에서 거창한 무언가에 사로잡히는 일은 거의 없다. 항상 사소한 무언가에 완전히 집중해 있고, 그것을 혹시라도 얻지 못하게 될까 두렵고, 심장이 두근거린다. 잠을 많이 자는 이유를 그저 피곤해서라고 생각해왔는데. 어쩌면 꿈을 꾸기 위해서가 아닌가? 깨어 있을 때의 우울 때문인가? 총 쏘는 게임으로 도피하고, 꿈으로 도피하고. 그랬구나. 내가 제일 잘 쓸 수 있는 얘기는 도피하는 사람에 대한 얘기라는 것을 알았다. 그것을 알자 나는 어

디로도 도피하지 않게 되었다. 나는 책상에 앉는다. 그리고 떠올린다. 권태에 빠지지 않는 사람. 위험한 일을 갈구하며 실제로 계속 위험 속에 위치하였던 그 사람. 그 사람의 일생을 일종의 도피라고 부를 수는 없을까? 아주 조금 흥미로운 생각이다. 실제로는 더 복잡할 것이다. 남들의 눈에 비치기로는 도피 없이 살아온 사람의 도피란 실제로는 더 복잡할 것이다. 도피처. 다음에 쓸 시의 제목이다.

2021. 07. 13.　　　　7월 13일에서 19일 사이의 계획

세무서에 몇 번 갔는데 계속 임대차계약서를 놓고 가거나 이랑네 집 임대차계약서(사무실 캐비닛에 섞여 있어서)를 가지고 가는 바람에 내일 다시 가야 한다. 오늘은 계획을 쓰고, 수강생들이 쓴 시를 읽는다. 집에 가서 청소를 하고 밥을 해서 먹는다. 일찍 잔다. 수요일 아침에 세무서에 가서 사업자 등록을 한다. 돌아와서 밥을 먹고 잠깐 쉰다. 수업을 간다. 수업 중간에 일기를 쓴다. 저녁 수업을 한다. 돌아와서 밥을 먹고 조금 놀다가 잔다. 목요일엔 일어나서 밥을 먹고 청소를 한다. 카드값도 낸다. 시간이 나면 Q.E.D.에 간다. 시를 쓰기 시작한다. 마르크스 책을 읽는다. 일기를 쓴다. 집에 와서 밥을 먹고 책을 읽다가 잔다. 금요일에는 일어나서 밥을 먹고 카페에 가서 강의록 책 1장을 완성한다. 저녁에 운동을 갔다가 돌아와서 밥을 먹고 게임을 하다가 잔다. 토요일에는 일어나서 밥을 먹고 카페에 가서 시를 쓸 것. 돌아와서 저녁을 먹을 것. 만약 다 쓰지 못했다면 작업실에 가서 계속 쓸 것. 일요일에도 아침을 먹고 시를 쓸 것. 저녁을 먹고 게임을 하다가 잘 것. 월요일에는 아침에 양파를 구워서 먹고 카페에 갈 것. 「0월의 책 시리즈」 책 소개와 목차를 정리해서 쓸 것. 계획을 다시 쓸 것.

2021. 07. 27. 그에게 남은 것은 없다

욕구가 없다고 말할 때 비어져 나오는 그 특유의 슬픔을 비난하고 싶지 않다. 나는 온종일 자살한 유명인들을 생각한다. 여름 초파리들이 내 몸에 난 구멍에 잠깐 들어왔다 나갈 때에. 특히 나는 자살한 유명인들을 생각한다. 할 말이 없고, 하고 싶은 것이 없다고 말하면서 시 창작 수업에 온 학생들을 생각한다. 나도 그래요. 나도 당신들과 똑같아요. 하지만. 하지만이라고 말하면서 죽은 사람들을 생각한다. 우리 자신의 처지와, 의지와, 죽은 사람들의 마음을 추측하며 충분히 감각하고 있는 사람들을 단순히 관조적이라거나 수동적이라고 판단하며 낮추어 보고 싶지 않다. 낯설게, 그리하여 즐겁게 말하고자 하는 사람들이 더 극심한 권태를 겪을 수도 있는 법이다. 그러나 시는 고립된 자아에게서 나오는 것이 아니라 관계를 물질적인 것으로 사유하는 자에게서 나온다. 고립된 자아에게서도 가끔 만족스럽고 즐거운 말이 쏟아지기도 한다. 그러나 그가 다음 순간, 혹은 다다음 순간에도 자신을 관계 속에 위치시키지 않는다면. 그에게 남은 것은 죽음도 아니고 시도 아니다. 그에게 남은 것은 없다.

2021. 08. 02. 　　　　　　　　　　시간 때우기 퍼즐

나는 가끔 도어락 비밀번호를 까먹는다. 어제도 편의점에 다녀오면서 한참을 문 앞에 서 있었다. 매일 들어가고 나오는데 어떻게 까먹을 수 있지. 엄청난 공포에 사로잡힌다. 자다가 이불에 오줌을 싼 것처럼. 도저히 이해가 되지 않는다. 매미가 잠시 나는 법을 까먹었다. 잠자리는 자기 꼬리를 조금 먹었다. 사람이 대가리에 꼬리를 접어 밀어 넣지도 않았는데. 기계는 자신이 기계임을 잊었다. 그 기계는 자신이 기계라는 사실을 원래 모르고 있었기 때문에 어떠한 공포에도 사로잡히지 않았다. 그리고 기계는 원래 공포에 사로잡히지 않는다.

어느 날 나는 원래 아무것도 기억하지 않는 사람이 된다. 그리고 가끔 무언가가 기억난다. 그 기억들은 나를 행복에 사로잡히게 할 때가 있다. 무엇도 기억하지 못하게 되는 미래를 상상하며 나는 엄청난 공포에 사로잡힌다.

나는 아무것도 제대로 기억하지 못하는 사람이 되어 내가 아무것도 제대로 기억하지 못하는 사람이 되었을 때를 상상했던 오늘의 기억을 잠깐 떠올리게 될지도 모른다. 얼마나 두려웠는지. 가위를 든 사람은 오늘 자기 손가락을 잘랐다. 그 사람에 대한 기억은 행복도 두려움도 주지 않았다. 원래

는 아무것도 기억하지 못하는 사람이 행복하지도 두렵지도 않다는 사실은 누군가에게 더한 두려움을 준다.

2021. 08. 07.   사랑

뭐 저런 게 다 있어. 터무니없는 걸 본 그녀는 깔깔거리며 웃었다. 아주 오랜 시간이 흘러서도 그녀는 그때 본 것을 기억할 때 미소를 짓기도 눈물을 짓기도 하였다. 빛이 있었다.

2021. 08. 14. 　　　　　　　　　집단의 과대망상

작가라는 존재를 문학이라는 종교의 사제로 여기는 일은 멋지지 않다. 그리고 작가를 문학의 사제로 여기는 사람들의 냉소적인 태도도 멋지지 않다. 당신은 멋이라는 종교의 사제가 되지 않기 위해서 무엇을 할 수 있는가?

배신이 기다리고 있다

 최근엔 시 창작 합평 수업에서 잘 썼다는 말도 시가 좋지 않다는 말도 하지 않으려고 노력했습니다. 대신 여러분이 쓴 시를 낭독하고, 쓴 사람에게 먼저 물었습니다. 만족스럽나요? 사실은 이 질문이 더 악독한 질문이라는 걸 알고는 있었습니다. 자기가 쓴 시에 만족하기가 제일 어렵기 때문이겠죠. 그래도 어디가 만족스럽지 않은지 물어보고, 만족스럽다면 어떤 것이 마음에 들었는지 같이 얘기해보는 시간이 꼭 필요하다고 생각합니다.
 그러나 자기가 애초에 옮겨 적으려고 했던 이미지를, 이야기들을, 인물들을, 메시지를 모조리 풀어놓더라도, 우리는 쉽게 만족하지 못합니다. 거기에는 자기 자신만 있기 때문이죠. 자기 자신의 생각만 있고, 자기 자신의 깨달음만 시에 존재할 때. 시는 멋지지 않은 방식으로 공허해지곤 합니다. 고작 이런 얘기를 풀어놓으려고 그렇게 어떤 밤을 지새웠나 싶죠. 그러니까 시에게는 종종 배신이 필요합니다. 내가 만든 세계를 부정해줄 존재가. 타자가 필요합니다. 여러분이 시에 쓴 것을 반대하는 누군가가. 분석하는 누군가가. 조금만 더 같이 고민하자고 요청하는 누군가가. 어쩌면 여러분 자신이. 혹은 그러한 형식이 내가 쓴 시에 존재한다면 어떨까? 그래서 이 수업의 제목은 '배신이 기다리고 있다'입니다. 합평을 전문으로 하는 수업이며, 여러분의 시를 강사와 여러분이 직접 비평하고, 그 비평을 시에 삽입하고. 조금 더 써보는 방식으로 진행합니다. 제가 여기서 기다리고 있겠습니다.

2021. 09. 05.　　　　　　　　　　　　초급 극작 워크숍

희곡을 썼다. 제목은 「잘됐네」. 부조리극으로 쓰지 않으려고 했고, 사변적으로 흐르지 않기를 바랐는데 완전히 실패하고 말았다. 찬찬히 읽어보면 미소가 지어지고, 고개가 조금 끄덕여지기에 그냥 송고했다. 웃긴 작품을 쓰려는 것인지 슬픈 작품을 쓰려는 것인지 판단이 서지 않았는데, 무작정 웃겼으면 좋겠다고 바라면서 첫 대사를 썼다. 첫 대사를 아내에게 보여주면서 웃기냐고 물었는데 아직 웃긴지 안 웃긴지 모르겠다고 했다. 웃긴지 슬픈지 모르겠다고 했다. 나는 바로 다음 대사에 아내의 말을 넣었다. 그리하여 나는 웃기지 않아도 되었고 슬픔을 쥐어짜지 않아도 되는 사람이 되었다. 불안이 사라지고도 다른 불안이 계속 등장했다. 나는 그것들을 어떻게든 지웠다. 대화의 연속에서 불안은 쌓인다. 대화가 정말로 대화일 때. 불안은 대화의 연속에서 지워진다. 그래서 나는 내가 쓴 멍청한 글을 희곡으로 부를 수 있었고. 마감 기한은 이미 한참 지났는데. 그래서 참 괴로웠는데. 그 괴로움을 잠재울 수 있었다.

이번에 희곡을 쓰는 동안 엄청나게 많은 책과 글을 읽었다. 대부분 누군가가 번역한 논문이었다. 나는 팬데믹에 대해서 쓰고자 했고, 그러다가 애도에 관해서 쓰고자 했고, 그러다

가 철저히 보호되는 구역에 대해서, 끝과 시작 사이에 있는 어떤 공간에 대해서 쓰고자 했다. 그것들을 아주 조금씩 다뤘다. 다루지 않느니만 못하게 다뤘다. 극작과에서 수업을 들으며 배웠던 것들은 무대를 만들고, 캐릭터를 만들고, 그들의 갈등을 다루며, 그들이 시대와 맺고 있는 관계를 다뤄야 한다는 아주 기본적인 극작술이었다. 언제나 처음엔 그 기본적인 것들을 사용해서 무언가 쓰고자 하고, 완전히 실패한다. 다음엔, 다음엔, 초급 극작 워크숍 교수가 만족할 수 있는 희곡을 쓰고 싶다. 다음엔. 다음이 없다면 그런 희곡을 쓸 수 있을까.

잘됐네

1막

시골길. 병원 침대 위에 연명장치를 착용한 누군가가 누워 있다.

매미 소리.

에스트라공 등장. 종종걸음으로 침대에 다가서서 심전도 모니터를 살핀다.

에스트라공: 아직 살아 있구나! 축하해! 잘했어. 정말 잘했어. 정말. 쉽지 않았을 텐데. 잘했어. 정말 잘했어.

에스트라공, 운다.

에스트라공: (목소리를 변조하여) 운이 좋았을 뿐이야.

(사이) (변조하지 않은 목소리로) 운이 좋았구나. (사이) 축하해! 운이 좋기도 쉽지 않지. 앞으로도 계속 운이 좋기를! (웃으며) 운이 좋기를! (더 크게 웃으며) 운이 좋기를! 어때? 웃긴 말 같아? (목소리 변조하여) 아니, 아직 웃긴지 안 웃긴지 모르겠어. (사이) 슬픈 건지 웃긴 건지 모르겠어 아직. (변조하지 않은 목소리로) 아직은? (사이) 어떤 시인이 상을 받아서 시상식이 끝나고 술집에 사람들이 모였거든. 처음 건배를 할 때 내가 시를 하나 낭송해줬지. 참고로 내가 외우고 있는 시는 이 시가 유일해. (시를 낭송한다)

꽃다발

축하해
잘해봐
이 소리가 비난으로 들리지 않을 때

누군가 꽃다발을
천천히 풀 때
아무도 비명을 지르거나 울지 않을 때
그랬다 해도 내가 듣지 못할 때

나는 길을 걸었다

철저히 보호되는 구역이었고 짐승들 다니라고 조성해놓은 길이었다

에스트라공: 그러곤 건배를 할 때마다 내가 외쳤어. (비아냥 섞인 목소리로) 축하해. 잘해봐. (더 크게) 축하해! 잘해봐! (사이) 축하해! 잘해봐! (웃으며) 이 소리가 비난으로 들리지 않을 때까지 계속 이 말을 반복할 거야. 축하해. 잘해봐. 어때? 아직 비난으로 들려? 그러면 안 되는데. (사이) 축하해. 잘해봐. 축하해. 잘해봐. 축하해. 잘해봐. (목소리를 변조하여) 집어치워. (변조하지 않은 목소리로) 축하해. 잘해봐. 축하해. 잘해봐. (목소리를 변조하여) 집어치우라니까!

침묵

에스트라공: 그날 그 술집에서는 다들 웃었는데. (사이) 아직 모르겠어? 웃긴지 안 웃긴지, 슬픈 건지 웃긴 건지 아직은 모르겠어? (목소리를 변조하여) 모르겠는데. (변조하지 않은 목소리로) 그럼 내가 설명해주지. (사이) 누군가에게 좋은 일이 생기면 말이야. 불행한 일도 생기지만. 좋은 일이…… 생기곤 하는데…… 좋은 일이…… (화를 내며) 제대

로 설명하려면 책 한 권은 나오겠다! (변조하여) 무슨 책? (변조하지 않고) 그 점에 대한 제 입장은 제 책 『기계용지』에 더 잘 설명되어 있습니다. (변조하여) 무슨 입장? (변조하지 않고) 저는 『우편엽서』에서 그 기묘한 장면을 조금은 잔인한 방식으로 기술하였습니다. (변조하여) 그 책을 내가 미처 읽어보지 못했구나 (변조하지 않고) 저는 그 주제를 『타자의 단일언어』에서 더 잘 설명했습니다. (사이) 그리고 그런 방향으로 많은 글을 썼습니다. 특히 『다른 곳』에서 말입니다.

  에스트라공, 운다.

  에스트라공: (변조하여) 왜 울고 있어? (변조하지 않고 울면서) 아무도 내 책을 안 읽은 것 같아. 내가 아직 죽지도 않았는데. (변조하여) 그래도 도서관엔 꽂혀 있겠지. (변조하지 않고) 도서관? (변조하여) 그래 제출본으로. (변조하지 않고, 흥분해서) 도서관! (사이) 아! 나 며칠 전에 도서관에서 유명한 영화감독을 봤어! 그 표정이 지독히 오만한 사람이 네가 쓴 책을 유심히 살펴보는 거야. 그러다 고개를 막 끄덕이더니. (사이) 네 책을 빌려 가더라니깐? 축하해! 정말 잘됐지? (변조하여) 서점도 아니고 고작 도서관에 책을 빌

린 게 뭐 대수라고. (변조하지 않고) 아직도 독자가 남아 있는 거잖아. 그것도 유명한 영화감독이! (변조하여) 아직도? (변조하지 않고) 축하해! 잘했어. 정말 잘했어. 정말. 쉽지 않은 일인데. 부럽다 정말! 좋은 일이지? 축하해! 잘해봐! (사이) 축하해!

침묵

에스트라공: 축하해! (사이) 너무 행복해!

침묵

에스트라공, 종종걸음으로 침대에 다가서서 심전도 모니터를 살핀다.

에스트라공: 아직 살아 있구나. (사이) 여기선 내가 슬픈지 행복한지 모르겠어.

막이 내린다.

사이

에스트라공이 막 사이로 얼굴을 내민다.

에스트라공: 축하해!

2막

같은 장소.

귀뚜라미 소리.

에스트라공 등장. 탭댄스를 추며 무대를 이리저리 돌아다니기 시작한다. 별안간 멈춰 선다. 목청을 높여 노래를 부르기 시작한다.

에스트라공: 복권에 당첨되었네…….

음정이 맞지 않았기에 기침을 하고 다시 노래를 부른다.

에스트라공: 복권에 당첨되었네. 무려 4등에.

당첨금을 받으려고 길을 나섰지.
길에서 아는 사람을 만났네.

안녕하쇼. 오늘 저는 4등입니다.

잘됐네요. 저는 요즘 사는 게 너무 좋아요.
멋진 사람이 제게 매일 사랑한다고 말한답니다.
저도 매일 사랑한다고 말한답니다.

에스트라공은 노래를 멈추고 생각에 잠기더니 다시 시작한다.

에스트라공: 축하합니다! 축하합니다! 축하합니다!
고마워요! 고마워요! 고마워요!
길에서 아는 사람을 만났네.
안녕하세요. 4등에 당첨되었습니다.

잘됐네. 나는 오늘 합격 통보를 받았어요.
회사가 나를 필요로 한다네요.
월급을 준다네요. 내일부터 나오라네요.

축하합니다! 축하합니다! 축하합니다!
고마워요! 고마워요! 고마워요!

노래를 멈춘다.

에스트라공: 길에서 아는 사람을 만났네!
안녕하세요! 복권 4등에 당첨되었습니다.

노래를 멈춘다.

에스트라공: 길에서 아는 사람을 만났네!

노래를 멈춘다.

에스트라공: 복권에 당첨되었습니다. 4등입니다!

에스트라공 무대를 이리저리 왔다 갔다 한다. 왔다 갔다 한다. 멀리서 누가 오는지 살핀다. 왔다 갔다 한다. 종종걸음으로 침대에 다가서서 심전도 모니터를 살핀다.

에스트라공: 아직 살아 있구나! 축하합니다! 축하합니다!

축하합니다! (사이) 난 오늘 4등이란다! (변조하여) 잘됐네. (변조하지 않고) 마음껏 축하해도 괜찮아! (변조하여) 잘됐다니까. (변조하지 않고) '축하해'라고 해봐. (변조하여) 잘됐다. (변조하지 않고) 축하한다고 해봐. 아직, 축하하지 않더라도. (변조하여) 난 시키는 대로 하는 거 딱 질색이야. (변조하지 않고) 그건 그렇지. (침묵) 미안해. (사이) 어쨌든 나는 행복해! 네가 아직 여기 있잖아! (변조하여) 넌 늘 뭔가를 바라는구나. (변조하지 않고) 여기 있는 게 싫어졌어? (변조하여) 내 생일은 아직 한 달이나 남았는데. 너는 벌써부터 호들갑을 떨고 있잖아. (변조하지 않고) 아! 생일! 축하해! 이제 곧 생일이구나!

  에스트라공, 운다

  에스트라공: (변조하여) 이제 곧 겨울이다. (변조하지 않고, 눈물을 거두며) 넌 겨울을 좋아하지! 축하해! 이제 곧 겨울이구나! (변조하여) 매미가 울지 않으니까. (변조하지 않고) 귀뚜라미도 울지 않고! (변조하여) 너도 덜 울고. (변조하지 않고) 겨울엔 19시간씩 잠을 자니까. (변조하여) 웃기도 덜 웃고. (변조하지 않고) 고양이는 웃지 않으니까. (변조하여) 고양이는 겨울잠을 자지 않는다. (변조하지 않고) 개

구리도 웃지 않으니까. (변조하여) 왜 웃지를 않지? (변조하지 않고) 자고 있으니까. 지금 막 무언가가 끝난 것처럼. 곧 무언가가 시작될 것처럼. 나는 짐승들 옆에서는 살금살금 걷는다. 잠에서 깨지 않도록. 함부로 쓰다듬지도 않아. 겨울잠에서 깨버리면 큰일이니까. 축하도 속으로 한다. 축하해. 무언가를 하나 끝냈구나. 잘했어. 정말 잘했어. 잘 잔다. 우리 아가. 우리 할머니. 자장자장. 잘도 잔다. (변조하여) 왜 나한텐 시끄럽게 구는 거야? 손 씻을 때마다 생일 축하 노래를 부르는 거야? (변조하지 않고) 깨워도 일어나지 않으니까. 혹시 자고 있는 게 아닐까 봐. 혹시 일어나지 않을까 봐. (변조하여) 아, 그렇구나.

막이 내린다.

3막

같은 장소.

심전도 소리.

막이 내린다.

사이

에스트라공이 막 사이로 얼굴을 내민다.

에스트라공: 축하해!

4막

시골길. 병원 침대 위에 연명장치를 착용한 누군가가 누워 있다. 침대 아래 누군가가 누워 있다.

심전도 소리.

목소리: 나 아직 자고 있어. 아직 살아 있어.

사이

목소리: 잘됐네.

사이

목소리: 축하한다고 해야지.

사이

목소리: 난 시키는 대로 하는 거 딱 질색이야.

사이

목소리: 조금 알 것도 같아. (사이) 이게 웃긴 건지 안 웃긴 건지.

사이

목소리: 잘됐네.

사이

목소리: 축하한다고 해야지.

막

심전도 소리. 코 고는 소리.

끝

2021. 09. 06. 신난다

노쇠에 대해서는 쓰지 말자. 노쇠가 참 위험한 소재야. 자주 쓰면 그것만 자꾸 쓰고 싶어질 거야. 노쇠에서 연상되는 그로테스크도 다루지 말자. 그런 공허도 다루지 말고. 아직은, 그리고 앞으로도. 차라리 숙취에 대해서 다루자. 이제 술은 거의 마시지 않지만. 기분이 아주 좋군. 쓰지 않기로 결심하는 건 정말 멋진 일이야. 나는 찰리 카우프만도 이승훈도 아니다. 나는 노쇠의 공포에 젖어서 그것과는 전혀 상관없는 얘기만 할 것이다. 쓰지 않기로 한 것의 에너지가 자연스럽게 다른 것에서 쓰이도록. 그렇게 하고 싶다. 힘든 일이겠지. 난 힘든 일이 좋다. 노쇠하여 힘든 일을 하기 힘들 때에도. 노쇠에 대해서 말하지 않을 것이다. 비밀로 둘 것이다. 제발 그렇게 계속 잘 감추고 살기를. 너무 힘들면 일기에 쓰기를. 일기에도 좀처럼 쓰지 않기를. 아, 그런데 이 글을 쓰고 보니 노쇠에 대해서 쓰지 않기로 결심한 사람이 되게 마음에 들어서 다음 시는 그 사람에 대한 글이 되어야겠다.

2021. 09. 07.   미친 짜증

비가 왔다. 새벽 4시였다. 일어나야 한다고 생각했다. 일어나기가 힘들었다. 창문이 열려 있었다. 추웠다. 웅크리고 싶어서 일어날 수 없었다. 웅크려도 춥기는 마찬가지라 일어날 수 있었다. 씻었다. 몸을 말리며 카드 덱 빌딩 게임을 했다. 『점심 시』에 실릴 시들을 편집자에게 보냈다. 이미 몇 달 전에 추려놓았는데 보내지 않고 있었다. 설거지를 했다. 쓰레기를 버렸다. 아내가 늦게 일어나서 씻었다. 아내가 씻는 동안 창문을 다 닫고 침대에 웅크리고 있었다. 출근하는 아내를 합정역까지 데려다줬다. 아침으로 등심 200g을 구워서 먹었다. 쌀은 먹지 않았다. 「어느 일란성 세쌍둥이의 재회」를 어제에 이어서 조금 보았다. 밥을 다 먹고 바로 껐다. 불안이 찾아왔다. 우울이었나? 말과활에서 하는 시 창작 수업 진도가 너무 느려서 보강을 하는데도 끝이 보이질 않는다. 합평할 시가 너무 밀렸다. 수업에서 합평을 다 진행할 수 없어서 사람들이 시를 올린 게시판에 코멘트를 달기로 했는데, 이상하게 달 엄두가 나지 않는다. 나는 질문을 하고 싶지 평가를 하고 싶지 않다. 그래도 해야겠지. 사람들이 기다리겠지. 원고 마감에 늦은 것 같은 기분이다. 저녁반 보강을 하루만 더 하겠다고 말과활에 연락을 해야 한다. 그런 괴로운

업무 잡념에 시달리는 동안 10시 50분이 되었다. 11시에 카페가 연다. 새로운 시를 시작해야 한다. 머리가 복잡해서 지금 나가도 집중이 되지 않을 것이다. 그래서 침대에 누웠더니 고양이가 와서 내 허벅지에 몸을 기대고 그루밍을 시작했다. 그루밍이 끝날 때까지 잠깐 자야겠다고 생각했다. 그루밍이 끝나지 않아서 안 되겠다 싶어 침대에서 일어나려고 하니 어딜 가냐면서 고양이가 내 오른손을 깔고 누웠다. 고양이가 일어날 때까지 누워서 시를 생각해야겠다. 시를 생각했다. 생각하고. 또 생각했다. 어제 생각한 노쇠에 대해서. 노쇠에 대해 절대 언급하지 않는 누군가에 대해서. 손이 깔린 채로. 기분이 좋아졌다. 손이 깔려 있었기 때문이다. 손이 나오는 시를 써야겠다. 손이 노쇠에 대해 절대 언급하지 않는다. 어떤 손은 언급한다. 그런 시를 써야겠다고 생각하면서 고양이에게서 손을 뺐다. 11시 30분이다. 카페로 향했다. 커피를 마시고 캐럴라인 러빈의 책 『형식들』을 읽었다. 패턴은 패턴에 반하기 위해서 존재할 수 있다. 그러니까 패턴의 사용성을 잘 살피자. 그런 글이었다. 어쩐지 계속 반감이 들었다. 어떤 책을 출판할 것인지 고민했다. 어떤 시를 쓸 것인지 더 심각하게 고민했다. 어떻게 쓸지 알았다. 내일 써야겠다. 너무 들떴으니까. 2시다. 해야 할 일과 내고 싶은 책과 써야 할 서류들에 대한 목록을 공연히 또 써보았다. 재난지

원금을 신청했다. 일기를 써야 한다. 시를 쓴다고 생각하면서. 다시 우울이 찾아왔다. 비가 와서 그렇다. 쌀쌀하고. 덥고. 환절기다운 환절기이고. 오늘은 시를 쓴다고 생각하면서 일기를 쓸 수 없을 것만 같다. 그냥 기록만 해야겠다. 그러기 싫지만. 어쩐지 오늘은 그러고 싶기도. 그러기 싫지만.

2021. 09. 10.　　　　말이 되지 않을 뿐이지 헛소리는 아니다

나는 기의라는 기표에 관심이 있다. 이렇게 뒤틀어 말하지 않으면 화가 난다. 나는 늘 이렇게 뒤틀어 말한다. 나는 늘 혼자 만족한다. 이렇게 뒤틀어 말하며 좋은 기분에 사로잡히지 않으면, 세상이 기표로, 기표만 중첩하여, 충돌시켜, 변형을 가해 기의에 다가가는 것에만 관심을 두는 것 같아 불쾌해진다. 나는 자잘한 언어적 실험을 마주할 때마다 멀미가 난다. 어쩌면 그 메슥거림이 그것들의 빛나는 고유한 물리적인 가치일지도 모른다. 그러나 나는 기의라는 기표를 만났다고 착각할 때마다 멀미 대신 충격을 받는다. 충격과 멀미는 다르다. 어떻게 다른지는 설명하지 않겠다. 이 글은 시를 쓰려다가 갑자기 어지러워서 쓴 글이다. 고심 끝에 쓴 선언은 아니다. 기분을 좋게 하려고 썼다. 내가 어떤 기분에 사로잡혀 있는지 모르겠어서. 멀미는 그런 것이다. 내가 어디 있는지 모르게 한다. 나는 내가 어디에 있는지 모르고 싶지 않다. 더 소상히 말하자면 어지럽지 않아도, 나는 원래 내가 어디에 있는지 모른다. 나는 알려고 하고 아직 실패하지도 않았다. 실패를 기록하는 것은 촌스러운 사람이나 하는 일이다. 내 기록은 실패에 대한 기록이 아니다. 나는 그저 충격받기를 기다린다. 내가 이해하지 못하는 것은 외로움이다.

2021. 09. 11.   복화술사의 안온한 친구

복화술사의 친구는 정원에 있다. 정원은 안온하다. 정원은 그의 것이다. 나는 그의 정원에 침입하였다. 그는 자신의 집에 있다. 나는 거실 소파에 누워 시를 고민한다. 거실은 안온하다. 내가 부모와 살았던 집에도 거실이 있었다. 그것도 아주 넓은 거실이. 햇살이 잘 들어오는 창문이. 햇살을 은은하게 만드는, 서늘하게 만드는 블라인드가. 그러나 거기에는 부모가 있었기 때문에. 부모가 매일 귀가하였기 때문에, 부모의 집 거실은 안온하지 않았다. 복화술사의 친구는 거의 외출하지 않는다. 그런데도 그 집이 안온하게 느껴지는 이유는. 그 집이 넓기 때문인가? 내가 침입하였기 때문인가? 침입할 수 있는 곳은 많지 않다. 침입하여 죽치고 살 수 있는 곳은 많지 않다. 침입하면 보통 문제가 생긴다. 복화술사의 친구의 집에서는 내게 문제가 생기지 않는다. 오로지 복화술사의 친구에게만 문제가 생긴다. 그러나 그의 문제는 그의 문제이고. 곧 그가 언제 나갈 것이냐고, 너무 오래 있지 않았느냐고 물을 것 같은데. 이미 물었던가? 그래도 어쩐지 그의 거실은 여전히 안온하고. 그래서 나는 그에게 복화술사의 안온한 친구라고 이름을 붙여주었다. 복화술사는 자신의 안온한 친구와 여행을 떠나고 싶어 한다. 그러나 안온

한 친구는 여행을 별로 좋아하지 않는다. 복화술사와 그의 안온한 친구가 여행을 갔으면 좋겠다. 그러면 나는 이 거실에서 더 안온할 것이다. 그리고 복화술사는 여러 장소에서 색다른 느낌으로 공연을 할 것이고. 왜냐하면 무대가 공연에 미치는 영향이 상당하기 때문에. 복화술사는 한쪽 손(손이 아니라 얼굴이다)으로는 아는 것을 말하고, 다른 한쪽 손(이 역시 얼굴이다)으로는 모르는 것을 말한다. 색다른 느낌으로. 다른 곳에서. 안온한 친구가 데려간 곳에서. 그러나 안온한 친구는 오늘 복화술사를 어디로도 데려가지 않았다. 예전엔 데려가곤 했다. 그렇게 자주는 아니었지만. 그래도 여러 장소를. 안온한 친구는 안온하게 만들었고 복화술사의 손들은(편의상 손으로) 색다름을 느꼈다.

2021. 09. 12.   위에

문학은 조각상을 계획할 수 있다. 그러나 조각상을 만들 수는 없다. 문학은 조각상에 주석을 달 수 있다. 조각상에게 주석은 부차적인 것이다. 나는 부차적인 것을 쓰고 싶지 않다. 덜 부차적으로 보이도록, 주석을 다는 방식에 대해 고민할 수는 있다. 아 그렇구나. 「A4로 붙인 별명」이라는 내 작업을 떠올렸다. 나는 어떤 전시회장에 가서 단어나 문장이 인쇄되어 있는 A4용지를 작품들 위에(어떤 작품에는 덕지덕지, 어떤 작품에는 살짝 조금만) 붙였다. 그렇게 부차적이지 않은 주석을 달 수 있었다. 폭력적이긴 했지만. 그 작업을 이번 시에 불러오면 좋겠다. 「A4로 붙인 별명」을 회고하는 방식으로는 불러오지 않겠다. 계획하는 방식이 회고하는 방식에 비해서는 더 개성적일 것이다. 더 개성적인 방식, 더 놀랍고 의미 있는 방식이 필요하다. 어쨌든 돌파구를 찾았군. 너무나도 다행이다.

2021. 09. 25.　　　　　　　　　　　　　　　　　　2차원

나는 여러분이 그림이 되고 싶어 한다는 사실을 충분히 이해한다. 그림이 되고자 하는 욕망은, 몇 안 되는 내가 완전히 이해할 수 있는 무언가다. 그림도 그림이 되고 싶어 한다.

2021. 10. 02.　　　　　　　　　　　　　　　　새로운 시작

나는 내게 무엇이 궁금한가요. 어떻게 돈을 벌고 살 것인가. 어떻게 돈을 벌어서 어떻게 살 곳을 마련하고, 어떻게 사고 싶은 전자기기와 게임을 사서 자기 전에 시간을 보낼 것인가요. 어떻게 노벨상을 탈 것인가요. 건강을 어떻게 만들 것인가요. 그런 질문들 말고. 시가 무엇인지 묻는 일상적인 질문도 말고. 스스로에게 어떤 질문을 던질 수 있나요. 그것이 오늘의 질문이고 앞으로의 질문입니다. 어쨌든 시를 위한 질문일 수 있겠네요. 썼던 글에 대한 질문으로 시작하기로 하죠. 나는 저번 시에서 "어디에나 사랑이란 단어로 덧칠하는 건. 내가 마음에 들어 하지 않는다고 말할 수 있는 몇 안 되는 것들 중에 하나"라고 썼습니다. 「2차원의 악마」라는 제목의 시에서요. 저 문장도 태만한 문장 아닌가요? 저 문장도 어쨌든 사랑이라는 단어를 어딘가에 덧칠하고 있지 않나요? 애초에 나는 단어를 싫어하나요? 네 저는 단어가 싫습니다. 나는 단어가 싫습니다. 나는 사전이 너무 싫습니다. 그보다 더 싫은 것은 단어로 귀결되는 문장이고, 시입니다. 단어로 귀결되지 않는 시가 좋습니다. 시는 시라는 단어로 귀결되지 않나요? 그렇군요. 그런데 시라는 단어는 싫지 않아요. 그래서 시를 쓰는 것 같습니다. 슬픔이라는 단어는 싫지

만. 슬픔으로 귀결되는 시는 싫지 않아요. 아마도 제 사전 안에서 슬픔이라는 단어는 슬픔이라는 단어가 아닌 것 같습니다. 저는 사전이 싫습니다. 더 좋은 질문으로 내일 만나죠. 내일 만날 수 있겠습니까? 네. 내일은 카페가 엽니다. 카페라는 단어는 싫지만. 공간은 좋습니다. 공간이라는 단어도 싫지만.

2021. 10. 09.   빨간 버튼

여기 빨간 버튼이 있다. 이것을 누르면 종교에서 탈출할 수 있다. 누르기만 하면 종교를 탈출할 수 있다는 빨간 버튼의 간편함이 불편하다. 어쨌든 걱정하지 마라. 정해진 방향으로 이끌 것이다. 종교는 그렇게 약속한다. 간편하게. 물론 희생도 해야 하고, 공부도 해야 하고, 불신도 해야 하지만. 그래도 어쨌든 걱정하지 마라. 나는 믿어라와 눌러라를 비슷하게 여긴다. 빨간 버튼이 있다. 이것을 누르면 종교에서 탈출할 수 있다. 물론 눌러도 바로 탈출할 수 있는 것은 아니고. 누르고 나서 탈출하기 위해 노력을 해야 한다. 하지만 어쨌든 누르면 탈출할 수 있다. 누르지 않아도 탈출할 수 있다. 걱정하라. 그리고 걱정하지 마라. 어떻게든 탈출해야만 한다. 이러한 명령이 불편하다. 명령은 간편하다. 나는 모든 간편함이 불편하다. 할 일이 많은 것도, 생각보다 없는 것도, 간편한 것도, 불편한 것도, 불편하다. 간편하다. 약속을 지키지 않는 것도, 약속을 하는 것도, 약속하지 않는 것도.

2021. 10. 10.　　　　　　　　　　　　동경하지 않는 마음

난 버림받았다고 생각한 적이 없는 것 같다. 누가 나를 버렸을 때도. 아니 정말 아무도 나를 버리지 않았다. 나는 버림받은 적이 없다. 누군가와 관계가 틀어졌을 때에도, 나는 그저 내가 더 잘할 수 있었다고만 생각했다. 나는 버림받은 사람들을 이해하지 못했다. 내가 버리지 않았기 때문이었다. 내가 버리지 않았는데도 어떤 사람들은 자꾸만 자기가 버림받은 사람이라고 했다. 결국 나도 그 사람들을 버렸고, 나는 그 사람이 내게 버림받아 어떤 기분일까 생각하며 울었다. 그러나 사실은 내가 버리지 않았을 때에도 그 사람은 버림받은 사람이었기 때문에. 나는 뒤늦게 운 것이다. 버림받은 사람은 나랑은 상관없이 버림받은 사람인데. 나는 언제나 내 위주였다. 그리고 다시 돌아간다면. 나는 바로 알 것이다. 당신은 버림받은 사람이군요. 내가 당신을 버리지 않아도. 당신은 계속 모든 것에게서 버림받았다고 외치겠군요. 당신이 당신 자신을 그렇게 위치 지어놓은 것이 퍽 멋스럽기도 하고, 당신 옆에서 이상한 기분에 사로잡혀 언어라고 할 수 없는 이상한 소리를 내는 일이, 어쩌면 노래하는 일이, 어쩌면 제가 지금껏 냈던 그 모든 시집의 그 모든 시보다 더 의미 있는, 본래적인, 인간다운, 모르겠어요. 말이 뭐가 필요한

가요. 당신은 버림받은 사람이고. 무슨 말이 더 필요한가요? 말은 필요하지 않아요. 저는 그렇게 판단합니다. 그런데 우리는 관계할 수 없습니다. 나는 버림받은 사람과는 말을 섞지 않습니다. 눈빛도요. 그러니 영원히 안녕.

| 2021. 10. 12. | 양극성 장애 |

침대에서 일어나지 않는 것도. 그러니까 집 앞에 카페 말고는 어디로도 가지 않는 것도. 시가 아닌 것으로는 나 자신을 내보이지 않았으면, 들키지 않았으면 하는 내 바람도. 어떻게 보면 자기 통제가 아닌가 싶고. 통제하고 싶지 않아. 더 만족스러운 글을 쓰고 싶으니까. 하지만 눈을 감았다 떴을 때 집에서 아주 먼 곳에서 깨어나는 거. 몽유병에 걸리는 거. 아무것도 통제하지 못하는 거. 그런 것도 무섭고 싫어. 난 그냥 다 싫어. 그렇지만 스스로 목숨은 끊지 말자. 통제하지 말자. 그렇게 강박적으로. 더 만족스러운 글을 쓰고 싶어서. 그런 글로만 세상과 관계하고 싶어서. 그래서 요즘 내가 쓴 시에 만족하지 못했던 게 아닐까. 조금만 실수해도 다 망했다고 생각하는 사람처럼. 조금은 실수해도 괜찮아. 그렇게 생각하면서 저번 시집을 썼던 것도 같고. 그 시집이 이제는 마음에 들지 않는다. 그건 좋은 일이야. 썼던 글이 마음에 들지 않아야. 계속 뭐를 쓰게 되니까. 그러니까 조금도 실수하고 싶지 않아. 하지만 조금도 실수하지 않으면서 시를 쓰면 마음에 들지 않아. 실수하고 싶지 않아. 실수하지 않기도 싫고. 실수에 괴롭기도 싫고. 실수에 관대하기도 싫고. 실수라고 말하기도 싫고. 그렇게 나는 엄청난 통제 속에서. 통제를

잃어버리게 되는 순간을 기다리고 있다. 종종 이렇게 했고. 이번엔 그렇게도 하고 싶지 않아. 더는 서고 싶은 곳이 없어. 침대로 돌아가고 싶지도 않아. 이 카페는 마음에 들어. 나는 오늘 커피를 마셨고. 늘 그랬듯이 엄청나게 빨리 마셨고. 보통은 집에 갈 시간이었는데. 방금 하이볼을 주문해서 마셨어. 이제 집에 가자. 침대로 가서. 모험가의 도피처에 대해 생각하자. 모험가의 도피처는 위험한 곳이야. 정말 그럴까. 나는 내가 모험가가 아니라고 생각하고 있어. 정말 그럴까. 시 쓰는 걸 미루지 말자. 실수해도 괜찮으니까. 실수하고 싶지 않지만. 실수라고 말하지 마. 그래도 지금 당장은 시를 쓸 수 없어. 금요일에 쓸게. 내일은? 일이 있어. 목요일은? 카페가 쉬는 날이야. 내일 시작법 책 조금 쓰자. 그래 그렇게 해. 일단 집으로 가. 침대로. 살고 싶지 않아. 하지만 통제하고 싶지 않아. 내가 아닌 사람이 나를 거절할 수 있기를. 글에서.

2021. 10. 15. 제목들

「믿을 수 없는 종교」,「원래 버려진 사람」,「종교라고 할 수 있을까」,「탈출 버튼이 있는 산책」,「필라테스」,「배터리 거의 없음」,「사고 싶은 것」,「간식」,「중언부언」,「거두절미」,「그를 제외한 모두가 에너지가 되었다」,「나는 당신이 안다면 놀랄 만큼 음악을 싫어해요」,「예술가 예술」,「모든 것은 1/3이 될 것이다」,「뿌수미」,「최원석의 고해」,「무감각에 대한 감각」,「누구에게 기도하니」,「우리 노조의 고질적인 문제점」,「술집 주인은 며칠 전에 엄지손가락을 썰었다」,「제목들」,「이수경 선생님께」,「맛이 돌아오지 않는다」,「제목을 어떻게 지어요」,「시를 가르칠 수 있어요?」,「차가운 베개」

2021. 10. 17.　　　　　메타는 가끔 나를 후련하게 한다

「등장」이라는 작품을 쓰고 있는데 일전에 「기계가 없으면 불안하다」라는 작품에서 기계가 (중심 소재로) 등장하는 작품을 다시는 쓰지 않기로 했던 약속을 어기지 않으면서 어떻게 버튼(어떻게 보면 버튼은 기계가 아닐 수도 있지만)을 시에 등장시킬 것인지를 설명하면서(변명하면서) 시작한다. 무언가를 글에 다시는 등장시키지 않겠다고 맹세하는 일은, 약속(금기라고 표현할 수도 있을 것이다)을 깨지 않으면서 쓰고 싶은 것을 쓸 수 있을지를 알아낸 것처럼 무언가 해결된 느낌을 준다.

그들은 웃지 않는다

 처음에 나는 복화술사가 되고자 했다. 왼손에 착용한 인형으로는 아는 것에 대해서만 말하고, 오른손 인형으로는 모르는 것만 말하고자 했다. 나는 알고 지내는 사람이 많았으므로, 매일 약속이 있었고, 매일 무대가 바뀌었고, 수많은 사람들에게 복화술을 보여주었다. 알고 지내는 사람이 줄어들게 되자 나는 가급적이면 왼손을 주머니에 넣고자 했는데, 왼손이 자꾸만 자기가 늙었다고 말했기 때문이다. 다들 배신자라고. 알던 사람이 죽었다고. 두통이 심하다고. 살이 쪘다고. 살이 더 쪘다고. 살이 너무 많이 쪘다고. 눕고 싶다고. 자도 자도 피곤하다고. 오른손은 말했다. 아픈 사람. 오른손은 말했다. 돌멩이. 오른손은 말했다. 피 흘리지 않는 석양 녘. 오른손은 말했다. 상자 속의 고양이. 오른손은 말했다. 외로움. 왼손에게도 오른손에게도 여행이 필요하다는 것을 나는 이해하고 있었다. 천문대에서 배신자라고 말하면, 폐병원에서 배신자라고 말하면, 신년 행사가 벌어지고 있는 뉴욕 시내에서 돌멩이를 발음하면, 울릉도에서 돌멩이를 발음하면.

다르니까.

그렇지만 나는 여러 가지 이유로 여행을 다닐 엄두가 나지 않았는데. 그래서 나를 데리고 다닐 누군가가 필요했다. 갑자기 여행을 가자고 말해주는 친구. 집이 너무 넓어서. 그의 집에 놀러 가기만 해도 거기가 여행지처럼 느껴지는. 정원이, 수영장이, 옥상이, 마음이, 헤아릴 수 없이 넓어서. 그 친구와 함께 있으면 내가 여행 중이라고 착각할 수 있는. 안온한 친구. 그런 친구가 내게도 있었지. 그 친구도 늙었어. 살이 쪘어. 살이 너무 많이 쪘어. 죽었어. 배신자. 나는 두통이 심하여, 두통이 심한 왼손을 자르고 싶었다. 오른손이 말했다.

외로움.

나는 복화술사를 그만두었다. 대신에 나는 복화술사 조각상을 하나 구입하였고, 안온한 친구 조각상을 하나 구입하였다. 들고 다니기가 거추장스러웠다. 그래서 나는 종이와 펜과 접착용 테이프를 대량으로 구입하였다. 항상 그것들을 들고 다니다가, 손이 달린 조각상이 보이면 종이에 단어를 써서 접착용 테이프로 붙였다. 왼손에는 아는 것만 말하는 왼손. 오른손에는 모르는 것만 말하는 오른손. 그 옆의 조각상에는 안온한 친구.

　내가 떠나고 얼마 안 있어서, 아마도 누군가가 내가 붙인 것을 떼었을 것이다. 그래서 나는 스텐실로 그라피티를 하고 다닐까 생각했다. 유명해지면 좋을 텐데. 지우지도 떼지도 않게. 지우지도 떼지도 않게. 오른손이 어디선가 되뇌도록. 왼손이 죽지 않고 계속 늙도록. 안온한 친구와 함께. 오른손은 모른다. 정말이다.

2021. 10. 19. 서간체로 시 쓰기 2

나는 한 번 써먹은 형식은 웬만하면 다시 반복하지 않으려고 한다. 특히 시를 쓸 때 그런다. 시를 꽤 많이 썼으니까. 나는 이제 안 써먹은 방법이 별로 없다. 편하게 시도할 수 있는 형식이 거의 없다는 이 곤혹스러움이 마음에 든다. 할 수 있는 일을 하면서도 즐거움을 느끼긴 하지만, 할 수 없는 일을 만들면서 느끼는 재미도 있다. 나는 그 막막함이 정말 좋다. 자진해서 비좁게 만든 땅에서, 나는 오늘도 시를 계속 쓰고, 수업을 만든다. 이 책에서 소개하는 수업들 역시 대부분 딱 한 번씩만 수업 되었다. 내가 재밌어야 시를 써보려는 사람들도 수업을 즐길 것 같아서 그렇게 했다. 그러나 '서간체로 시 쓰기'라는 수업만은 주기적으로 반복하여 개설했다. 종종 다른 수업을 진행하고 있을 때에도, 어떤 학생들에게는 편지로 된 시를 써보라고 권하기도 했다. 누구에게 주려고 시를 쓰는가? 시를 아직 많이 써보지 않은 사람도, 시를 많이 써본 시인도. 이상하게 자꾸 잊어버리거나, 좀처럼 신경 쓰지 않는 것 같다. 하지만 내가 보기엔 누가, 누구에게 말하고 있는지를 정하는 것은 언어를 이용하는 예술에서 가장 중요한 문제다. 물론 시가 무특정 다수를 위해 쓰여질 수 있고, 대부분의 시가 그렇게 쓰여진다는 것을 나도 알고 있다. 실제로 나도 처음 시를 쓸 때는 그저 누구에게든 가닿았으면 좋겠다는 마음으로 시를 썼으니까. 시인으로 데뷔하고 얼마 안 되어서 나는 그냥 쓰고 싶은 대로 시를 썼고. 이상하게 사람들이 좋아하였고. 갑자기 잡지들이 원고 청탁을 많이 하기 시작했다. 나는 사람들이 나를 계속 좋아했으면 좋겠다고 생각했다. 나는 내가 쓰는 시가 사람들 마음에 들지 않을 것이라는 걱정에 사로잡혔다. 시 쓰는 일이 싫어진 것은 아니었지만, 고역이 된 것은 틀림없었다. 그러던 어느 날, 시가 도무지 써지지 않았던 어떤 새벽의 카페에서(24시간 영업이었다) 드디어 그 중요한 질문이 내게 찾아왔다. 누구에게 주려고 시를 쓰는가?

질문 앞에서. 나는 먼저 모두의 마음에 드는 시를 쓰겠다는 생각이 엉터리라는 것을 깨달았다. 그런 시를 쓰는 일이 불가능한 것은 둘째치고. 그런 생각으로 쓴 시가 아첨꾼이나 우유부단한 떠중이가 될 확률이 높다는 걸 알았던 것이다. 다음으로 따라온 생각은 다음과 같았다. 내 시가 누구의 마음에 남았으면 좋겠니? 누구를 기쁘게 할까? 슬프게 할까? 놀라게 할까? 혹은, 그 어떤 감정으로도 특정되지 않고. 오랜 세월이 흘러서도. 갑자기 그 사람의 기억에서 떠오르는. 깊은 곳에 보관되는 시. 나는 언제나 학생들이 그런 시를 쓸 수 있도록 독려하고자 했고, '서간체로 시 쓰기'는 그런 면에서 굉장히 직관적인 수업이었다. 이런 식으로. 어째서 수신인을 정하는 일이 시 쓰기에 종종 도움이 되곤 하는지, 학생들에게 여러분 나름대로 설명하면서 수업을 시작하면 될 것이다. 대부분의 사람들은 편지 쓰는 일에 두려움을 가지고 있다. 편지는 이미 존재하는 관계에 대한 것이거나, 앞으로 만들어나갈 관계에 관한 것이다. 관계는 너무나도 물리적인 것이라서, 누군가에게 편지를 쓰려고 하면 실제로 가슴이 두근거리거나, 무슨 말이든 마음에 차지 않고, 할 필요가 없는 얘기만 쏟아낼 것 같아서 부담이 된다. 여러분을 낳아준 사람에게 편지를 쓴다고 가정하면 바로 이해가 될 것이다. 사랑해요. 건강하세요. 고맙습니다. 여러분을 낳은 사람들은 아마도 이런 말이면 만족할 것이다. 그러나 문제는 여러분 자신이 만족할 수 없다는 것이다. 발신인이 여러분이기 때문에, 사랑한다는 말이 정념을 확보한다는 것을 알고 있음에도. 내가 아니라 다른 사람도 할 수 있는 말을 전한다는 게, 마음에 들지 않는 것이다. 시를 써보려는 사람들의 일반적인 특징은 대개, 시를 통해서 자신이 뭔가 좀 특별한 사람이고 싶어 한다는 데 있다. 그런 사람들에게 편지라는 형식은 특히 여러분을 흔해빠진 사람으로 만드는 저주처럼 느껴지곤 할 것이다.

이런 식으로, 나는 언제나 수업 첫날에 우리가 앞으로 할 일의 어려움을 환기한다. 학생들은 대부분 시 쓰기에 어려움이 있어서 찾아온 사람들이다. 무엇이 어려운 것인지를 선생도 알고 있다고 밝히면, 학생들의 표정이 밝아진다. 시를 전공한 사람은 학생들에게 절대로, 자신이 처음부터 시를 쉽게 썼다는 인상을 주어서는 안 된다. 시, 특히 당대에 쓰이고 있는 현대시는 굉장히 위험한 장르로, 그 누구도 시가 무엇인지에 대해 설명할 수 없다. 그렇기 때문에 시에 익숙하진 않지만, 시에 매력을 느끼고 있는 독자에게 시는 종종 이해할 수 없는 마법처럼 보이고, 시인은 천재 마법사처럼 보이기 일쑤다. 그것은 잘못된 환상이다. 시는 그저 언어로 조립한 무언가이고, 누구나 쓸 수 있다. 그렇기에 시 쓰기를 가르치는 사람에게 가장 주된 목표는, 자신이 어떻게 어려움을 우회하거나 극복하였는지를 얘기하는 것이지, 자신이 얼마나 잘하고 있는지를 뽐내는 것이 아니다.

2021. 11. 05.　　　　　　　　　　　좋게 떠드세요

마음에 안 드는 건 주지 않겠다는 얘기도 마음에 들지 않아요. 하지만 드립니다. 출판사 통장을 만들러 갔더니 3개월 동안은 출금이 30만 원만 된다네요. 그러니까 3개월 동안은 뭘 유통할 수가 없겠군요. 책을 내기로 약속을 많이 했습니다. badbedbooks에서도, 다른 출판사에서도. 그래서 할 일이 많군요. 일이 많으면 고독하지 않습니다. 고독하지 않으면 조용하지 않고. 조용하지 않으면 떠들 기분이 나지 않습니다. 그러니까 조용하게 만들겠습니다. 그래야 마음에 드는 게 생깁니다. 나는 사람들이 이상한 말을 할 때만 말을 할 생각이 들고, 천사가 지나가서 침묵이 길어지면 말을 할 생각이 들고, 친하지 않은 사람들이 어색할 때 말을 하게 되고, 친한 사람들이 너무 익숙하게 대화를 나눌 때 훼방을 놓습니다. 그것이 내가 글을 쓰는 시간입니다. 그러니 조용하세요. 떠들더라도 내가 말하기 좋게 떠드세요. 바쁘면 말하기 어렵고요. 나는 뭐든 미루고요. 그래야 조용하고요. 누군가의 마음은 바쁘고요. 그건 아주 슬픈 일이고요. 누가 슬퍼하고 있으면 사람들이 눈치를 보고요. 조용하고요. 그럴 때 산통을 깨는 말을 하는 것이 내 일입니다.

2021. 11. 15.   그냥 괴롭자

추위가 싫다는 얘기는 그만하고 추위를 어떻게 다룰지를 더 생각하자. 추워서 우울한 건 확실하지. 허리도 아프고. 집에 가서 유산소운동 어떻게 할 수 있을지 알아보자. 일을 미루지 말자는 생각은 하지 말자. 그냥 체력만 있으면. 저절로 미루지 않을 수 있을 거야. 한 시간에 한 번 스트레칭을 하자. 빨리 해결할 생각은 하지 마. 초조하니까. 체력이야. 체력 걱정 때문에 늦게 일어나는 거야. 내일은 일찍 일어나. 숨이 잘 쉬어지지 않을 거야. 난 피곤하면 호흡곤란이 오니까. 내일은 일단 일어나서 씻고, 명상을 하자. 숨이 잘 쉬어지지 않으면 명상을 하면 좀 나으니까. 은행을 다녀와서『수업을 위한 수업』을 쓰자. 잘 써지지 않을 거야. 괜찮지 않을 거야. 충분히 슬퍼하자. 필라테스를 가기 전에 낮잠을 자지 말자. 8시에 필라테스. 아마 너무 고통스러워서 미칠 것 같겠지. 충분히 슬퍼하자. 내일은 그렇게 만족스럽지 않게 보내고. 금요일에는 유산소운동을 꼭 하러 가자. 일단 오늘은 밥을 아주 조금만 먹고, 족욕을 하고, 세금계산서를 떼고, 스트레칭을 하고, 몸에 좋지 않은 자세로 누워서 '안 죽고 싶은 모임 어때요?' 질문을 생각하자. 잘 떠오르지 않겠지. 충분히 괴로워하자. 일단 오늘내일은 괴롭고, 잘 되는 일도 없는. 그런 늦가을을 보

내는 거야. 그런 초겨울을 보내는 거야. 그러니까 자기 처지에 슬퍼할 필요 없어. 그냥 그러기로 정해진 거야. 당장에 벗어날 방법은 없어. 오늘과 내일은 아는 사람들의 감정에도, 내 감정에도 너무 깊게 몰입하지 말자. 그러지 않아도 충분히 괴로우니까. 밥을 조금만 먹자. 많이 먹지 않아도 충분히 괴로워. 걱정하지 마. 걱정해도 벗어날 수 없어. 그냥 금요일에 유산소운동을 하면 돼. 일주일에 세 번 유산소운동을 하는 거야. 금방 나아지지 않을 것이고 어쩌면 나아지지 않을 수도 있어. 하지만 더 나빠지지는 않을 거야. 아니지. 더디게 나빠질 거야. 운동이란 그런 거니까. 인내심은 없어. 눈물이 날 것 같군. 인내심은 없어. 눈물은 그냥 안 나오는 거야.

2021. 11. 25.　　　　　　　　　어설픈 건 좋은 게 아니야

난 어설픈 사람을 좋아한다. 너무 열심히 연기를 하는데, 꽤 잘 하는데, 꽤, 꽤라는 말을 붙여야만 평가가 되는 사람. 그리고 그냥 어설픈 사람. 나는 설리를 정말 좋아했지. 춤이 어설프고, 랩이 어설프고. 그런데 그게 너무 멋진. 일부러 대충 하는 게 아닌데. 대충 하는 것도 아닌데. 대충 하는 것 같기도 하고. 그래서 너무 멋진. 심각한 음치를 좋아하는 건 아닌데. 음치들은 최선을 다하는 느낌으로 노래를 하니까. 잘 부르는 건가? 잘 부르는 거라고 하기엔 좀 모자란가? 그렇게 아주 약간 어설픈. 그런 사람들에게는 그 어떤 반박도 할 수 없었지. 사랑에 빠졌으니까. 그래서 내 주위엔 내가 사랑하는 사람만 남았지. 유명한 사람도 있고, 유명하지 않은 사람도 있지. 내가 사랑하는 사람들. 어설프게 유명한 사람도 있고. 유명하기를 꺼리는 사람도 있지. 어쨌든 어설픈 사람들. 나는 그 사람들에게 언제나 천재라고 한다. 그 어설픔은 흉내를 낼 수 없는 거야. 아주 독특한 거야. 그리고 마냥 어설픈가 하면. 말도 재밌게 하고. 이상한 생각도 많이 하고. 그리고 그 재밌는 말들과 이상한 생각을 가장 사랑하는 것은 나. 만약 네가 덜 어설퍼지면. 나는 좀 슬프겠지. 어설픈 사람을 좋아하는 사람보다 어설프지 않은 사람을 좋아하는 사

람이 세상엔 더 많고. 그래서 찾는 사람들이 많아지고. 그래서 너는 내가 없는 곳에서 나보다 더 어설프지 않은. 근사하고 완벽하게 보이는 사람들과 함께 지내겠지. 너는 새로 사귄 친구들과 떠들겠지. 우리는 어설픈 걸 좋아해. 우리는 다들 조금 문제가 있어. 서로 그렇게 수다를 떨겠지. 미안하지만 내게서 멀어진 순간. 너는 더는 어설프지 않게 되었어. 내가 너의 어설픔이다. 내가 너를 좋아하는 동안만. 너는 어설프다. 나는 질투도 하지 않고 외롭지도 않아. 나는 어설프지 않게 된 사람에겐 마음을 많이. 쓰지 않거든. 그리고 난 세상에서 가장 어설픈. 일어서려는 마음이 몸보다 앞서서 자꾸만 바닥을 데굴데굴 구르는 고양이랑 같이 살고 있으니까. 그리고 고양이가 내 옆에 없었을 때도. 나는 외롭지 않았는데. 이젠 외로움이 상상이 된다. 고양이가 없거나. 고양이에게 내가 없으니까. 오빠가 어디 갔다가 왔게 한지야. 한지를 생각하는 곳에 갔다가 왔어.

2021. 11. 26.　　　　　　　　　　시 수업을 위한 수업

나의 자랑 이랑

넌 기억의 천재니까 기억할 수도 있겠지.
네가 그때 왜 울었는지. 콧물을 책상 위에 뚝뚝 흘리며,
막 태어난 것처럼 너는 울잖아.
분노에 떨면서 겁에 질려서. 일을 하고 살아야 한다는 것이, 네가 일을 할 줄 안다는 것이.
이상하게 생각되는 날이면, 세상은 자주
이상하고 아름다운 사투리 같고. 그래서 우리는 자주 웃는데.
그날 너는 우는 것을 선택하였지. 네가 사귀던 애는
문밖으로 나가버리고. 나는 방 안을 서성거리며
내가 네 남편이었으면 하고 바랐지.
뒤에서 안아도 놀라지 않게,
내 두 팔이 너를 안심시키지 못할 것을 다 알면서도
벽에는 네가 그린 그림들이 붙어 있고
바구니엔 네가 만든 천가방들이 수북하게 쌓여 있는

좁은 방 안에서,
네가 만든 노래들을 속으로 불러보면서.

세상에 노래란 게 왜 있는 걸까?
너한테 불러줄 수도 없는데.
네가 그린 그림들은 하얀 벽에 달라붙어서
백지처럼 보이려고 애쓰고 있고.
단아한 가방들은 내다 팔기 위해 만든 것들, 우리 방을 공장으로. 너의 손목을 아프게 만들었던 것들.
그 가방들은 모두 팔렸을까? 나는 몰라,
네 뒤에 서서 얼쩡거리면
나는 너의 서러운,
서러운 뒤통수가 된 것 같았고.
그러니까 나는 몰라,
네가 깔깔대며 크게 웃을 때
나 역시 몸 전체를
세게 흔들 뿐
너랑 내가 웃고 있는
까닭은 몰라.

먹을 수 있는 걸 다 먹고 싶은 너.

플라타너스 잎사귀가 오리발 같아 도무지 신용이 안 가는 너는, 나무 위에 올라 큰 소리로 울었지.
네가 만약 신이라면
참지 않고 다 엎어버리겠다고
입술을 쭉 내밀고
노래 부르는
랑아,

너와 나는 여섯 종류로
인간들을 분류했지
선한 사람, 악한 사람……
대단한 발견을 한 것 같아
막 박수치면서,
네가 나를 선한 사람에
끼워주기를 바랐지만.
막상 네가 나더러 선한 사람이라고 했을 때. 나는 다른 게 되고 싶었어. 이를테면
너를 자랑으로 생각하는 사람.
나로 인해서,
너는 누군가의 자랑이 되고
어느 날 네가 또 슬피 울 때, 네가 기억하기를

네가 나의 자랑이란 걸
기억력이 좋은 네가 기억하기를,
바라면서 나는 얼쩡거렸지.

이 시는 내가 쓴 시 중에 가장 많은 사람들이 좋아해준 시다. 재밌는 것은 내가 이 시를 오직 한 사람에게 주려고 썼다는 점이다. 이 시에 등장하는 이랑은 실재하는 내 친구이며, 그는 훌륭한 음악가이자 내가 아는 사람 중에 가장 근면한 사람이며, 죽음에 반대하고 삶에도 반대하는 사랑스러운 사람이다. 그리고 실제로 이 시를 이랑에게 주었을 때, 나는 이랑에게 푹 빠져 짝사랑 중이었다. 그러니 이 시에는 나와 이랑이 아니면 다른 사람들은 알지 못하는 아주 사적인 것들이 많이 등장한다. 그리고 나는 그것들의 사연이나 모습을 아주 구체적으로 묘사하지 않았으므로, 이 시를 좋아해준 많은 사람들은 자신이 모르는 대상에도 깊이 공감해주었던 것이다. 우리는 항상 사변적인 것을 작품에 쓰기를 꺼린다. 그러지 말라는 소리를 많이 들었기 때문이다. "일기 쓰고 있네"라는 말은 문학작품에 대한 가장 흔한 부정적 평가이기도 하다. 그러나 일기에는 죄가 없다. 그리고 나만 알고 있는 어떤 사실을 쓰는 일을 두려워할 필요도 없다. 그저 우리는 그것이 사적인 것이든 아니든, 내 시에서 확실히 작동하고 있게만 두면 되는 것이다. 독자들은 공감에 인색한 사람들이면서 한편으로는 자신이 모르는 것도 알고 싶어 하는. 오히려 끊임없이 계속 알고 싶어 하는. 텍스트에 등장하는 화자에 대해서, 텍스트 뒤편에 있는 작가에 대해서, 작가 뒤에 있는 작가의 무의식에 대해서 알고 싶어 하는 사람들이기도 하다. 그러니 시가 일기 같아 보이는 것에 두려움을 느낄 필요는 없다. 앞서 말했듯이 우리는 우리가 쓴 것에 자신의 심장이 두근거리고 있는지만 판단하면 된다. 「나의 자랑 이랑」을 쓰게 된 계기는 그저…… 시를 하나 쓰고 싶었고, 옆에 이랑이 있었고, 너에게 시를 하나 주고 싶다고 말했고, 말장난이 많이 섞인 웃긴 시를 하나 보고 싶다는 이랑의 요청 때문이었다. 가벼운 마음으로 금방 쓸 수 있겠다는 내 예상은 보기 좋게 틀리고 말았고, 여러 버전의 편지를 계속 썼다 지우기를 2주간 반복했다. 아마도 나 역시 무언가를 해결하려고 했기 때문인 것 같다. 나는 절대 사랑 고백을 하지 않으려고 했는데, 이 시를 계기로 연인 관계가 될 수 있기를 전혀 바라지 않으려고 했는데, 내 손은 전혀 그럴 생각이 없었던 것 같다. 나는 마치 나를 낳아준 사람에게 보내려다가 실패한 편지들처럼, 누구나 할 수 있는 말만을 반복하고 있었다. 사랑해요. 건강하세요. 고맙습니다. 사랑해요. 건

강하세요. 고맙습니다. 나는 눈을 감고 계속 집중했다. 나는 뭘 해결하려고 쓰는 게 아니야. 그저 두근거리려고 쓰는 거야. 그리고 드디어…….

"내가 네 남편이었으면 하고 바랐지./뒤에서 안아도 놀라지 않게,/내 두 팔이 너를 안심시키지 못할 것을 다 알면서도"라는 문장을 썼을 때, 나는 곧 이 시가 완성될 것임을 알게 되었다. 이 문장이 나를 엄청나게 당황시켰기 때문이었다. 식은땀이 흐르고, 헛웃음이 나왔다. 내 입술은 나도 모르는 사이 미소를 살짝 머금고 있었다. 시에 나와 있듯이, 이 시가 회고하는 과거에는 이랑에게 이미 연인이 있었고, 당시에 나는 이랑에게 어떤 연애 감정도 없었다. 뭐 나중엔 생겼으니, 어떤 사람들은 믿지 않겠지만. 정말로 없었다. 사귀던 연인과의 관계도 정말 좋아 보였고, 서로 좋아하는 사람들 옆에 깍두기처럼 앉아서 함께 있던 것이 내 인생을 통틀어 보아도 가장 웃기고 즐거운 한때였고, 후회되는 발언이긴 하지만 내 취향이 전혀 아니었다. 물론 나야말로 이랑의 취향이 전혀 아니었지만. 어쨌든 나는 스스로에게 주절주절 되묻기 시작했다. 내가 왜 그때 그런 생각을 했지? 남편이었으면? 내가 왜 이런 것을 기억하고 있지? 실연을 한 것처럼 두근거렸다. 나는 오로지 너에게 나만 할 수 있는 말을 찾아낸 것 같았다. 이 시를 쓴지 아주 오랜 시간이 흐른 지금 다시 읽어도, 나는 당시의 내가 그런 생각을 한 것이 믿어지지 않는다. 저 구절은 이랑을 꼬시려는 고백으로 소비되지 않을 것이 분명했으며, 내가 진심처럼 보이려고 만들어낸 그 수많은 말들보다 훨씬 진실처럼 보였다. 그리고 「나의 자랑 이랑」은 바로 그 진실에 기대어 쓰여지기 시작했다. 다소 개인적인 체험이라 큰 도움이 되지 않을 것 같지만, 어쨌든 자신을 두근거리게 만드는 문장을 마주하기 위해서는 구태여 말을 만들어내려고 하기보단 집요하게 기억을 탐구해보는 편이 낫다는 것을 설명하고자 했다. 그리고 내 기억 속에는 나와 이랑이 점거해서 대학 동아리실로 이용하던, 이층 침대를 놓고, 아예 거기서 살아버렸던, 한국예술종합학교 영재교육원 건물의 하얀 방이 있었다. 그 공간을 떠올리는 것만으로도, 나는 끝나지 않는 어떤 질문과 만나게 된다.

우리가 가장 많은 시간을 함께 보냈던 그 방은 너무나 소중한 공간이면서, 이상하게 우리를 가장 지치게 만드는 공간이기도 했다. 나는 우리를 봉인했던 그 방을 「나의 자랑 이랑」에 다시 봉인하고자 했다. 한마디로 설명할 수 있는 것이 하나도 없던 그 시공간을, 너무나도 복합적인 감정을, 구구절절이 설명하기보다는 그저 기록하여 건네주고자 했다. 본래 공간이란 그런 것이지만. 특별한 공간의 가장 좋은 점은, 그 복합성에 있다. 어떤 공간은 밉기도 하고, 따뜻하면서 동시에 춥기도 하다. 서간체 시는 그 공간을 일일이 구체적으로 묘사할 필요도 없다. 왜냐하면 어차피 내 편지를 받을 사람이 그곳을 기억하고 있기 때문이다. 우리가 같이 겪었으니까. 그리하여 우리가 어떤 공간에 함께 있었는지 환기하기만 해도, 그리고 내게 어떤 공간이 가장 특별하게 기억되는지 밝히기만 해도, 혹시 너도 그런지, 묻기만 해도. 우리는 언어를 통해, 언어로는 전할 수 없는 마음을 전할 수 있게 된다. 그리고 그 마음은 어떤 감정으로도 특정되지 않는다. 특정되지 않는 것은 풀리지 않는 수수께끼이며, 언제든 다시 꺼내어볼 때마다 되돌아오는 질문이다. 나의 자랑 이랑에게 이 시를 선물하였을 때, 이랑은 시가 자신이 기대했던 것과는 달리 좀 우울하고 무겁다고 했다. 그 말을 들은 나는 처음엔 크게 실망을 했다. 내겐 정말 만족스러운 시였기 때문이다. 시간이 흘러 이랑은 방을 청소하다가 내가 준 시를 발견하고, 이상하게 계속 마음에 남는 시인 것 같다고 자신의 일기에 적었다. 이랑이 쓴 일기를 읽은 날. 나는 그럴 줄 알았다고 생각하면서, 정말 깊고 좋은 잠을 잤다. 내가 쓴 시는 이상하게 계속 마음에 남는 시. 내가 앞으로 쓸 시도. 이상하게 계속 마음에 남는 시. 그 어떤 감정으로도 특정되지 않고. 오랜 세월이 흘러서도. 갑자기 그 사람의 기억에서 떠오르는. 깊은 곳에 보관되는 시.

2021. 11. 27.　　　　　　　　　　　　　　　　　　친절한 나

방법을 찾는 사람들에게 방법을 찾지 말라고 말하곤 하는데. 그것만 거짓말이 아닌 것 같아서 그렇게 하거든요. 거짓말은 다들 많이 하니까. 나는 좀 안 하면 좋겠다. 그렇게 생각해서 열심히 사는 사람들 맥 빠지게 하고 그러거든요. 그래서 이번에도 그렇게 거짓말 아닌 것 같은 말 찾으려고. 눈을 감고 집중해서. 구라 까지 마. 일침을 날리려고 그러는 건 아니거든요. 그냥, 내가 구라를 좀 싫어해서. 구라 까지 마. 나도 안 깔게. 미안해. 그런 얘기나 하려고. 눈을 감고 고개를 푹 숙이고. 시를 써보려고 하나요. 방법을 찾고 있어요. 방법을 찾지 말라는 말을 할 방법을. 난 정말 게을러빠진 사람인데요. 이건 거짓이 아닌데. 누가 보아도 진실인데. 내가 게을러빠졌다는 거. 그래도 참 근면하게. 고개를 푹 숙이고. 방법을 찾았거든요. 누가 그만 찾으라고. 방법 같은 거 그만 찾으라고 내게 말한다면. 거짓말 그만하라고 말한다면. 가소롭다고 생각할 것 같아요. 엄밀히 말하면 내가 하는 일은 뭘 찾는 게 아니거든. 나는 기다리거든. 세상에서 제일 게으른 사람이고 인내심도 없지만. 기다리는 것만 잘 하거든.

주술이 있는 시 쓰기

 시는 기본적으로 규칙을 만들고 지키는 놀이입니다. 삶은 기본적으로 규칙을 만들고 지키는 놀이입니다. 제가 너무나도 좋아하여 자주 제 시의 화자로 등장시켰던 사람들의 특징은, 삶이나 과학, 국가나 종교가 만든 규칙의 구멍을 발견하고, 그 구멍을 고발하는 대신, 구멍 자체를 자신의 규칙으로 만들고 이용한다는 데 있습니다. 혹은 이상한 규칙을 만들어서 그걸 지키며 살아가는 사람들도 좋아합니다. 저는 그런 사람들을 주술 하는 사람들이라고 부릅니다. 주술에 심취한 사람들은 대부분 자신이 믿는 것에 너무 심취하여 남에게 피해를 끼치곤 합니다. 그들은 자신이 믿는 것이 근본적으로 얼마나 엉터리인지 알지 못하고, 그 비과학적인 믿음을 위해 타인의 삶을 망치는 규칙을 만들고, 종교를 만들고, 군대를 만들어 사람들을 괴롭히고 죽였습니다. 그러나 앞서 말했듯이. 어떤 사람들의 주술적 삶의 방식은 아무도 주술적이라고 말하지 않는 현대인의 과학, 윤리, 도덕의 구멍을 들여다보면서 시작됩니다. 주술은 종종 논리적인 사유를 통한 변증법보다 더 생생하고 효과적으로, 비언어적인 방식으로 폭력에 반대합니다. 또한, 개인적인 소원을 이루기 위해 주술에 기대기 시작한 사람들의 소원은 대부분 이뤄지지 않지만, 그럼에도 그들은 계속 주술에 의존합니다. 그 마음이 제겐 종종 귀엽고, 슬픕니다. 그것은 인간의 한계인 동시에 창조성이란 대체 어디서 나오는가에 대한 해답이기도 합니다. 물론 주술 하는 마음이 창조성의 전부는 아니겠지만. 이 수업은 불쌍한 창조성을 발휘한 여러 픽션의 등장인물들과, 실제 인간들의 사례와 그에 대한 이론을 소개합니다. 그리고 그런 인물들과 그들의 규칙을 어떻게 시에 담아낼 수 있는지에 대해, 제가 아는 방법들을 소개합니다. 이 수업의 제목은 '주술이 있는 시 쓰기'입니다.

2021. 12. 03.   도움이 되지 않는 마약

추위는 환각성 약물 같아요. 제가 마약을 좋아하지 않는 이유도 알겠어요. 추위는 글을 쓰는 데 너무 방해가 돼요. 내가 어떤 감정에 사로잡혀 있는지 모르겠어요. 춥다는 것만 알겠어요. 손과 발이 차갑다는 것만 알겠어요. 아는 게 없어졌을 때만 표현할 수 있는 멋진 예술이 있나요. 아는 게 없어졌을 때 표현할 수 있는 사람들이 부러워요. 나는 그런 사람이 아니죠. 나는 물어봐야 대답하는 사람이죠. 자기 자신에게 집요하게 뭔가를 묻다가. 그런데 추우면요. 춥지? 춥지? 어쩌지? 이런 질문만 계속하게 돼요. 추워, 추워, 잠이 와. 그런 대답만 계속하게 돼요. 너무 슬퍼요. 나는 더운 계절에 태어났는데 왜 더운 나라에서 태어나지는 않았나요. 그래도 한국이 좋은 나라죠. 살기에. 글을 쓰기에. 게으른 부르주아로 살기에.

2021. 12. 22. 좋았어요

별 노력 없이. 노력은 했지만, 노력이라고 할 수 없이. 게으른. 바보들이. 걸었네. 가끔은 운이 좋아. 배웠네. 누가 가르치길래. 가다가 멈췄는데 우연히 거기 있어서. 들었네. 누가 가르치는 것을. 새벽이 끝났네. 이른 아침에 편의점에서 컵라면을 사서 어떤 사람의 자취방에 갔네. 요즘엔 이 컵라면이 맛있더군요. 한 바보가 한 바보를 가르쳤네. 자취방 주인은 잠을 잤네. 손님들은 조심히 자취방을 떠났네. 아직도 이른 아침이었네. 햇살이 좋았네. 겨울이었네. 믿을 수 없는. 그 컵라면을 아직도 파네. 그때 그 컵라면 한 젓가락 먹었지. 맛있었네. 느끼하고. 지금도 그럴까. 모르겠네. 그 뒤로 먹은 적이 없네. 난 그날이 많이 생각이 나요. 집에 가기 싫지도, 집에 가고 싶지도 않았어요. 그냥. 추웠어요. 햇살이 좋았어요. 행복하지 않았어요. 그래서 좋았어요.

15년 전 어느 여름. 나는 무언가를 기다리기 위해서 어느 공터의 벤치에 앉아 있었다. 내가 사는 곳에서 꽤나 떨어진 곳이었다. 새벽이 되었다. 더워서 좋았다. 모기만 조심하면 되었다. 나는 더위를 참을 수 있었고, 그래서 여름은 항상 무언가를 기다리기 좋은 계절이었다. 갑자기 비가 쏟아졌다. 옷이 다 젖었다. 갑자기 추웠다. 나는 집에 가기 싫었다. 하지만 거기에 계속 있고 싶지도 않았다. 그런데도 나는 거기 계속 있었다. 나는 더는 무언가를 기다리고 있지 않았다. 여름이었다. 추웠다. 무서운 게 무엇인가요? 사람들에게 물었다. 사람들은 질문이 무서웠다. 나는 사람들을 무섭게 한 것에 만족했다. 나는 내게도 물었다. 무엇이 무섭니. 나는 답하지 못했다. 사람들을 무섭게 한 것에 만족해서. 내 마음이 만족의 기쁨으로 가득 찼기에. 그리하여 내 훌륭한 무의식은 만족의 기쁨을 몰아내고자 밤마다 갑자기 끔찍한 악몽을 틀었다. 평소에 담배를 너무나도 혐오하는 사람이, 묵묵히 담배를 피우는 꿈이었다. 그 모습이 너무나도 무서웠다. 엄마가 담배를 피웠다. 지금껏 담배를 피우지 말라면서 그렇게 담배 피우는 사람들을 때리고 비명을 지르면서 잔소리를 하던 사람이. 묵묵히.

2022. 01. 09. 노트

나는 미첼이 우상파괴적인 사유를 비판하기 전에 우상파괴자들을 소개한 것에 주목한다. 미첼이 말하려는 '이중사고'가 포함된, 상상계나 환상이 또다른 상상과 환상으로서 작동하는 방식에 대해 말하려면, 우상파괴자들을 소개해야 하고, 문학에서는 특히나 그렇게 해야 한다. 그것이 문학의 피곤한 점이다.

문학이 어떤 이론의 결론만을 취했을 때, 문학은 이론을 이해하지 못한 반푼이가 된다. W. J. T. 미첼의 이론이 우상파괴자들을 소개하고, 그것에 반하여 자신의 이론을 설명하고, 우상파괴를 지연하려고 할 때. 그는 변증법을 사용하고 있다. 그러나 그는 예술이 그 변증법의 과정을 모두 시연하지는 않아도 된다고 말하고 있다. 그의 이론은 얼핏 우상파괴를 지연시키는 예술이 가능하다고 말하고 있는 것 같다. 타자나 우상을 파괴하지 않는 선에서, 즐겁게 우애를 나누며 놀 수 있다고 그는 말하고 있다. 그러나 특히 문학작품은, 미첼의 진보적이고, 대안적인 예술 이론을 취하여 만들어질 수 없다. 문학에서 우상파괴자를 지연시키는 행위를 보여주려면 먼저 우상파괴자를 등장시켜야 한다. 그리고 문학은 더 나아갈 수도 있다. 우상파괴자를 지연시키는 행위를 하나의 우상을 파괴하는 행위로, 미첼의 대안적 행위를 파괴 행위로 의심할 수 있는 것. 그것이 문학이라는 정신병이 행할 수 있는 최선의 방법 중 하나다. 문학은 다시 처음부터 말하는 전략을 취하여 고민하고, 연민하고, 번민한다. 왜냐하면 문학작품은 비평이나 이론과 절대 떨어질 수 없는 것이기 때문이다. 이론은 특히 문학예술에게는 마지막 부분. 그러니까 자신의 결론이나 에필로그만을 차용할 것은 요구하지 않는다. 문학이 그렇게 하지 않을 것임을 알고 있기 때문이다. 왜냐하면 이론은 문학의 쌍둥이이고. 이론은 문학이 이론을 깨뜨려야 할 우상으로 생각해주기를 바란다. 그것이 이론이라는 그림이다. 그러나 문학은 종종 그림이 아니다. 둘은 서로 공유하지만, 공유하지 않는다. 그리고 그 공유하지 않는 측면. 그 측면으로 하여금 문학은 언제나 다시 처음부터 말한다. 그리하여 문학은 제일 느리고. 처음에 어떻게 시작했는지를 언제나, 재차 언급하는 꼰대이자 술주정뱅이가 된다. 더 정확히 말해 문학작품은 이론과 다른 것이 아니다. 다시 말하자면 이론은 문학과 다른 것이 아니다. 그럼에도 다시 말하자면 문학작품의 작가는 이론가라는 우상주의자들을 파괴하고자 한다. 그 이론가가 우상파괴를 지연, 중단하려는 태도를 가지고 있다고 해도. 예술가는 그들의 작품(비평, 논문)을 파괴하고자 한다. 작가가 거기(쓸데없는 자신의 공격성)까지 기입하기 때문에 작가와 이론가는 분리된다. 만약 어떤 작가가 이론가의 작품을 파괴하지 않으려고 한다면, 최대한 정중하게 다루고자 한다면, 그것은 이론과 구분되지 않는다. 정말로 그런가? 거기에 대해서 알아보고자 한다.

요약

문학 작품은 언제나 다시 처음부터 말하는 전략을 취하기에, 꼰대나 주정뱅이의 헛소리로 들리고 그리하여 아주 지루한 것이다. 문학 작품은 어떤 진보적인 이론의 결론(혹은 에필로그) 부분만 떼서 시연할 수 없다. 왜냐면 애초에 이론이 변증법적인 것이기 때문에, 마지막만 떼서 가져오는 것 자체가 의미가 없기 때문이다. 바로 이러한 측면에서 문학 작품은 이론과 구분되지 않는다. 이론은 그 점에 어떠한 불만도 없지만 문학작품의 작가는 거기에 불만을 품고, 그리하여 우상파괴를 지연, 중단시키자는 내용의 이론을 읽은 문학 작가는 그 이론가의 그 이론(우상파괴 ㄴㄴ)을 하나의 우상이라며 파괴하는 퍼포먼스를 보여준 뒤에, 자기가 우상파괴자라고 슬퍼하는 모습까지 보이는 아주 초라하고 찌질하고 절망적이고 유아적인 모습을 시연하고 죽는다.

어쨌든 나는 W. J. T. 미첼의 설명에 따라, 문학이론이 문학의 복제이며 전혀 다른 것이 아니라고 생각함. 복제니까 전혀 구분될 수 없다고도 생각하고 구분될 필요도 없다고 생각하는데, 예술은 그래도 자기를 계속 구분시키려고 하는 이상한 아집이 있고, 자기 자신에 대한 환상이 있고, 그 환상이 예술을 만든다고 봄.

토템을 만든 사람이 토템을 누구에게도 팔지 않는 이유는, 그것이 토템이기 때문이래요. 가족이나 친구를 파는 사람도 있지요. 토템은 가족이나 친구 같은 것이라고 들었어요. 그러니 팔 수도 있을 것입니다. 하지만 그 토템을 내가 만들었다면, 가족이나 친구를 팔기 위해서 손수 만든 게 되는 겁니다. 가족이나 친구를 그냥 팔아도 죄책감이 느껴지겠죠. 어떤 비정한 사람이나 공감 능력이 거의 없는 사람이라면, 죄책감을 느끼지 않을 수도 있겠지만, 자기가 만든 가족이나 친구를 판다는 것은, 비정하거나 냉정하거나 무심한 사람에게도 좀 이상하게 느껴질 것입니다. 만든다는 건 참 이상하죠.

나는 시를 팔기 위해 쓴 적이 없는 것 같습니다. 시집으로 묶을 때는 팔기 위해 묶는 것이지만, 시를 쓸 때는 이걸 팔겠다는 마음을 가진 적이 없어요. 어떤 잡지에서 청탁이 와도, 주문을 받아서 만드는 제작자가 아니라, 내가 시를 써서 주면 누가 칭찬으로 푼돈을 준다고 생각하면서, 그렇게 시를 썼습니다. 그러니 이건 내게 직업도 아닙니다. 하지만 누가 내 시를 읽는 순간, 내 시는 팔려 가지 않고도(내가 판다는 감각을 잘 모르니까) 더는 내 것이 아니게 됩니다. 만약 내 시가 토템이라면. 원래도 내 것이 아니고 내 친구거나 내 가족이거나 내 고양이지만. 인적이 드문 골목길 벽돌 담장에 내 시를 게시한다고 칩시다. 그렇게 하는 순간 어쨌든 토템은 더는 토템이 아니게 됩니다. 그건 내 것이 아니라 모두의 것입니다. 그 시를 목격하지 않은 사람들의 것이기도 합니다. 이것이 시 쓰기의 약간 웃긴 지점입니다. 물성이 없는, 저작권이 희미한. 이건 내가 시인이라서 그렇게 느끼는 것 같은데. 시는 음악보다도 창작자가 소유할 수 없는. 정말로 물성이랄 게 너무 없어 빈곤한. 위태롭고, 자유롭고, 동시에 내 친구니까 팔지 않겠다는 선택지를 창작자가 내릴 수 없는. 무엇입니다.

더 솔직히 말하자면. 나는 이미 시를 쓰면서, 어느 순간 더는 내 생각이, 내가 가진 것이, 내 것이 아니라는 것을 알게 되고. 그 순간 그것들이 내가 좋아하는 어딘가 좀 어설픈(어설프다는 것은 덜떨어진 것이 아닙니다. 나는 어설픔을 가장 멋진 것으로 여깁니다) 친구 비슷한 것이 되고. 그들은 내게 무언가를 가르치고. 그리고 조금 더 쓰면서 내가 느끼는 것은. 내가 쓴 것이 어느 순간 내 친구도 아니게 된다는 것입니다. 그러니까 나는 내 시를 게시하기 전에도. 마지막 몇 행을 쓰는 순간에. 이미 잠깐 토템이었던 것을 떠나보내는. 초연함? 슬픔? 비슷한 것에 사로잡힙니다. 아, 슬픔은 아니니다. 시를 쓰다가 누가 더는 내게서 중요하지 않다는 것을 깨달을 때, 이상하게 뿌듯하거든요. 현실에서는 그렇지 않아요. 현실에서는 서먹한 사이가 되는 것이 슬프거든요. 시를 쓸 때는. 내가 쓴 것과 내가 헤어지는 것이 너무나도 당연한 수순입니다. 그렇게 하지 않으면 마음에 드는 시가 완성되지 않을 것을 알고 있고요.

하지만 이번에는 좀 다르게 해보려고요. 만약 이렇게 시를 시작하면 어떨까요. "이 시는 팔지 않을 것입니다. 이 시는 내 토템이거든요." 그런데 아마도 "이 시는"이라는 표현은 쓰지 않을 것입니다. 나는 시를 쓸 때 시라고 생각하면서 쓰지 않으니까. "나는 지금 쓰고 있는 이 이상한 글을(이 글은 이상한 글이 될 것입니다) 팔지 않을 것입니다. 이 글은……" 이렇게 하는 게 더 좋겠지요. 팔겠다 안 팔겠다 뭐 이런 개념을 너무 강조하면 마음에 드는 글이 써지지 않을 것 같긴 한데. 그럼 어쩌지. 그래도 일단은 저렇게 시작하기로 하죠. 나중에 지우더라도. 어쨌든 나는 이번에 내가 앞에 앉아 명상이나 기도를 할 수 있는 성물을 만들 것입니다. 성물 설명서를 만들 수도 있겠군요. 물체 설명서 만드는 일은 전에도 했던 것 같은데. 그럼 그건 하지 맙시다. 어쨌든 중요한 것은. 나를 해결할 수 없는 것을. 내 곁에 꽤 오래 같이 있을 무엇들을. 어디서 길어 올리겠다는. 그런.

내 아내

 다른 시인들과 함께 낭독회를 하면 좀 미안해지곤 하지. 내가 제일 귀여우니까. 날 쳐다보는 사람들을 앞에 두고 있으면 내 몸에서 빛이 나오는데. 그 빛을 본 사람들은 간지러워서 웃는데. 네가 처음 나를 봤을 때. 너는 많이 웃지 않았지. 너는 누구보다도 많이 웃는 사람인데. 너는 그날 이상한 사람을 보고 놀라기로 작정한 사람 같았지.

 내가 본 드라마를 본 사람 있나요? 나는 관객들에게 물었고. 딱 한 사람만 손을 들었지. 여유롭고 당당하게.
 너는 다른 사람들이 손을 들지 않았다는 것을 뒤늦게 알아차렸지.

 그다음 열렸던 낭독회에선. 어떤 사람이 미친듯이 웃었다는 것만 기억하고 있어. 내가 고개만 흔들어도. 손만 허공을 휘저어도 웃는 것 같았지. 내가 처음으로 사람들에게 시를 가르쳤던 수업에 찾아와서도.
 그러다 너는 깨달았지. 다른 사람들은 너보다 훨씬 적게 웃는다는 걸.

　내 첫 수업에서. 나는 사람들에게 자신의 인생 얘기를 자신의 나이만큼 써오라고 했지. 26살이라면 A4용지 26매를. 다음 주에는 반으로 줄이고. 다다음주에는 다시 반으로 줄여서. 결국엔 한 문장만 남기는 일을 하기로 했어.

　네가 가지고 온 이야기에는 고양이 얘기, 아빠 얘기, 동생 얘기, 유학 얘기, 연애를 시작하게 된 얘기, 그리고 대부분은 내 얘기였지. 몇 장까지 썼는지 기억은 나지 않는군. 너는 회사에서 일을 하다가 잠시 쉴 때. 계단을 내려가서. 길에서 휴대폰으로 그 이야기를 썼지. 매일 회사에서 피곤할 때. 너는 그 시간의 대부분을 내 얘기를 쓰는 데 썼지. 26장을 다 채우는 건 무리여서. 나머지 여백은 이응으로 가득 채워서 제출했지.

　ㅇㅇ

　네 인생 얘기를 읽은 이후로. 혼자 침대에 누워서 아무 생각이나 하고 있으면. 항상 네가 쓴 인생 얘기가 떠올라서 가슴이 뛰었지. 너무 많이 생각나서 죄책감을 느꼈어. 나는 그

때 애인이 있었고. 학생하고 사귈 수도 없는 노릇이니까.

우리는 사람들의 인생 이야기를 낭독하느라 시간을 너무 많이 써서. 반으로 줄이는 일은. 다시 반으로 줄이는 일은. 한 문장으로 줄이는 일은 하지 않았지.
얼마나 다행이라고 생각했는지.

당신의 인생 이야기가 한 문장이 되지 않아서. 네 인생의 한 문장. 나는 아직도 그 문장을 보지 못하게 된 것을 다행이라고 생각하고 있어. 아마 심장이 너무 뛰어서 죽었을지도 몰라. 이건 과장이 아니야. 죽었을지도 몰라.

2022. 01. 24.　　　　　　　　마지막 말이라는 것을 알기

나는 시를 좋아한다. 시적인 무언가를 시라고 부르는 경우나, 읽을 수 없는 문자나 공백으로 만든 시가 아닌 이상, 시는 항상 어떤 구절로 마무리되기 때문이다. 마무리가 있다는 점이 좋다. 묘사로 마무리되더라도, 어쨌든 엄연히 이미지가 아니라 말로 마무리된다는 점이 좋다. 마지막 구절이나 단락이 다른 부분보다 중요하다는 것은 아니다. 모든 구절은 어쨌든 자기 자신을 자기 자신이 마무리하고 있으므로. 하지만 시에서의 마지막 구절은 무언가가 분명히 끝났음을 알려준다. 그 밑에 아무것도 없기 때문이다. '끝이 없다'는 구절로 끝난다고 하더라도. 마지막 구절은 시를 끝낸다.

시를 쓰기 직전에, 나는 항상 내가 저번에 쓴 시를 읽는다. 다 읽고, 고개를 끄덕이고, 저번에 시를 쓰면서 내가 한 일을 다음 시에서는 반복하지 않기로 결심한다. 아니, 그 정도로는 만족하지 않는다. 나는 저번에 내가 한 일을 앞으로 평생 되풀이하지 않기로 결심한다. 물론 내가 그렇게 결심하지 않아도, 원래 그 어떤 일도 똑같이 되풀이되지 않는다는 사실을 나도 안다. 그러나 의식적으로 그렇게 결심하는 순간이 너무 짜릿하기 때문에, 항상 그 결심이 지극히 옳은 결심이라는 확신이 들기 때문에, 나는 결심한다.

어떤 시를 만족스럽게 마무리하는 일은 그러니까, 되풀이하지 않겠다는 결심을 언제 하느냐에 따르기도 한다. 마지막 구절을 쓰는 도중에 이미 아는 것. 이게 끝이고. 다시는 이것과 만나지 못할 것임을 아는 것. 절망적이게 되는 것. 이것이 내가 마지막 구절을 쓸 때의 상태다. 영원히 헤어지지 않으면, 절망에 빠지지 않으면, 누구도 절망에서 나를 건질 수 없다.

You can never go home again

 다음은 수녀스님이 꾸고 있는 꿈이다 신딸이 신엄마에게 큰절을 한다 대단해요 하느님은 백인이었다 부처님도 백인이었다 하지만 아직 하느님과 부처님을 만나보지는 못했다 분명히 곧 만날 것이다 다음은 꿈에서 깬 수녀스님이 무얼 하는지 묘사하고 그녀의 생각을 서술한 글이다 수녀스님은 잠에서 깨어 꿈에서 본 것들을 정리하게 되었다 내가 꿈에서 저승에 갔구나 엄마를 봤네 다음은 희정 씨가 왜 수녀스님인지 소개하는 글이다 희정 씨는 수녀면서 점집을 겸한 작은 절의 스님이었다 점집절은 신촌 골목에 있었고 수도원은 마포에 있었다 그녀는 이중생활을 했다 희정은 어려서부터 수녀가 되고 싶었는데 고등학생 때 신이 들려서 신내림을 받아야 했다 그녀는 수녀가 꼭 되고 싶었다 신엄마는 불교 공부와 사주 공부를 열심히 하고 가끔 점도 봐주면서 살면 전업 무당을 하지 않고 일반인 행세를 하면서 살 수 있다고 조언했다 다음은 묘사와 서술이다 수녀스님은 화가 났다 다음은 수녀스님이 꾸고 있는 꿈이다 신딸은 토마스와 법정의 생김새를 안다 자살한 자들의 지옥에는 왕동백나무가 분명히 있다 다음은 잠에서 깬 수녀스님의 생각을 서술한 글이다 엄마를 봤네 다음은 수녀스님이 꾸고 있는 꿈이다 이제 그들을 만나러 가자 신엄마가 가자고 한다 백인들을 만나러 가자고요? 신딸의 물음에 신엄마가 대꾸하지 않는다 불안하네 둘은 움직인다 신엄마가 신딸의 손을 잡는다 이제 그들과 아주 가까워 그들이 가까이 있나요? 신딸의 물음에 신엄마가 고개를 끄덕인다 행복하다 다음은 수녀스님의 미래를 소개하는 글이다 희정은 믿음이 강할 때는 가끔씩만 믿지 못할 것이며 분노가 치밀 때는 가끔씩만 믿을 것이다 다음은 믿음이 강할 때의 불신 속에서 희정이 하는 행동이다 희정은 잠을 잔다 다음은 분노가 치밀 때의 믿음 속에서 그녀가 하는 행동이다 그녀는 눈을 감는다 다음은 눈을 감은 여자의 생각이다 믿고 있다 다음은 눈을 감은 여자의 생각이다 눈을 뜰까 다음은 수녀스님이 주인공으로 나오는 희곡을 요약한 것이다 막이 오르면 수녀스님의 일상이다 막이 내렸다가 다시 오르면 수녀스님의 49재다 우리 스님을 성당에 묻다니 불자들이 화가 났다 비구니들이 승무를 춘다 막이 내렸다가 다시 오르면 수녀스님의 꿈이다 신엄마가 신딸에게 이제 가자고 한다 그들은 움직이지 않는다 다음은 수녀스님의 생각을 서술한 글이다 희곡을 썼네 여기까지 쓴 다음 나는 희정 씨가 어디에 있는지 알고 싶다 그곳에서 그

녀를 꺼내고 싶다 이렇게 생각해도 기분이 좋아지지 않는다
자야겠다

2022. 01. 31. 엉터리

글은 표상의 실패지만 꿈은 표상의 실패가 아니다. 어떤 예술은 꿈을 표상하는 것의 실패고, 글을 다루는 사람이 글이 가진 한계를 끈질기게, 솔직하게 인정한다면, 글은 다른 매체보다 꿈을 다루다가 처참히 실패하는 데 적격인 매체다. 프로이트는 글이 가진 한계를 알면서도 무시했고, 벤야민은 프로이트에 반대하여 꿈을 기술하려고 노력했다. 실패냐 성공이냐가 아니라, 심장을 조금 더 빠르게 뛰게 만드는 실패냐 아니냐만이 남는다. 벤야민이 꿈을 기술하려다가 실패한 글은 내 심박수를 높이지 않았다. 프로이트의 글은 꿈을 기술한 것이 아니었고. 꿈이 등장하는 문학작품 중에 내가 제일 좋아하는 글은 실비나 오캄포의 「충동적으로 꿈꾸는 아이」다. 세상에서 제일 빠르게 달리는 글이다. 문장이 다음 문장을 뚫고 계속 달리기 때문에 읽는 사람이 넘어져서 질질 끌려간다. 비정하고. 엉터리고. 꿈이란 무엇인가? 판단할 수 없게 한다는 점이 특히 좋다. 꿈이 등장하는 문학작품 중에 두 번째로 좋아하는 것은 "You can never go home again"이라는 내가 쓴 시인데, 방금 오캄포를 읽고 다시 읽으니, 어쩌면 굉장히 많은 영향을 받았던 것 같다. 영향을 받았다고 표현하는 것은 정확하지 않은 것 같다. 그냥 나는 예전에 「충동적으로 꿈꾸는 아이」라는 꿈을 꾸었다. 그것은 꿈이 아니었지만, 너무나도 엉터리여서 나도 모르는 사이에 꿈이 되었나 보다.

2022. 03. 29.   모욕

깨달았다는 기쁨에 흠뻑 취하는 것, 감탄하는 것, 순간을 포착한 다음 내가 이걸 포착했다고 뻗대는 일. 그 모든 것이 호들갑이다. 호들갑을 떠는 사람들을 싫어하고, 호들갑에서 멀어질수록 멋있는 사람이 될 수 있다고 믿는 사람들이 있다. 그들은 결국 말하기를 멈춘다. 왜냐하면 모든 표현은 결국 호들갑이기 때문이다. 말하기를 멈추면 시는 쓸 수 없다. 시는 결국 말이니까. 나는 나를 시인이라고 소개한다. 자기를 시인이라고 소개하는 일은 호들갑을 떠는 일을 멈추지 않겠다는 말이고, 꼰대가 부리는 아집과 다른 것이 아니다. 무슨 말을 하든지 결국 호들갑을 떨게 될 것을 알면서도 내가 나를 시인이라고 소개하고 계속 시를 쓰려고 하는 이유는 어쩌면 말을 멈춰서는 안 되기 때문이다. 말을 멈춘 사람들이 있다는 말을 멈춰서는 안 되기 때문이다. 그들을 비겁자라고 매도하기 위해서도 아니고, 그들을 부러워하기 위해서도 아니다. 그냥 말을 멈춘 사람들이 있다고 떠들기 위해서다. 그들이 사실은 말을 멈추지 않았다는 사실을 말하기 위해서다. 그들이 얼마나 호들갑을 떠는 존재인지. 인간인지. 말하기 위해서다. 나는 공격적인 사람이고 호들갑을 떤다. 웃으면서. 나는 공격적이지 않은 사람이다. 나는 호들갑

을 안 떠는 방법도 안다. 호들갑을 떨기 전에는 호들갑을 안 떤다. 그러니까 호들갑을 떨어야 한다. 그 전에 안 떨 수 있기 때문에. 그러면 나는 말도 많이 하고, 아직 호들갑을 떨지 않았고, 그러니까 나는 기쁘지도 않고, 감탄하지도 않고, 무언가를 포착하지도 않았을 때 참 멋있다. 나도 안다 곧 무엇가를 깨닫고 알았다는 기쁨에 춤을 출 것이다. 그것은 참으로 호들갑이며 사실은 뭐 그렇게 거창한 것을 안 것도 아니며, 어쩌면 그냥 착각에 불과하다. 나는 시인이다. 오해하지 말기를. 내 적의는 오로지 시인을 하지 않기로 결심한 사람들을 향한다. 애초에 그런 것에 전혀 관심이 없는 사람들에게는 향하지 않는다. 하지 않기로 결심한 사람들과 애초에 시 나부랭이에 관심이 없는 사람들을 어떻게 구분할 수 있는지는 잘 모르겠지만. 그리고 적의만 있는 것은 아니다. 알겠지만. 그리고 내가 제일 싫어하는 것은 호들갑 떠는 사람들이다. 나는 시인이 제일 싫다. 어떤 시인들은 좋다. 그들은 나같이 복잡하다.

나는 외로움이 무엇인지 알기 때문에 외롭지 않다

  나는 외로움이 무엇인지 알기 때문에 외롭지 않다. 그러나 나는 외로움을 결코 설명하지 않을 것이다. 나는 시를 쓸 것이고, 구태여 시에서 외로움을 다루려고 하지 않을 것이지만. 나는 시를 쓸 것이다. 그리고 나는 외로움이 무엇인지 알기 때문에 외롭지 않다. 그러나 나는 결코 설명하지 않을 것이다. 설명해서는 안 되는 것들이 있다. 누굴 위해 무얼 위해 설명해서는 안 되는 것인지도 알려줄 수 없다. 명확하지 않다는 것이 명확하다.

그게 그렇게 아팠군요

 윌리엄 칼로스 윌리엄스를 읽어보지 않았고 별 관심도 없었다. 그저 리뷰 청탁을 받았고, 받은 청탁은 대부분 거절하지 않기 때문에 책방으로 가서 한국에 출간된 『꽃의 연약함이 공간을 관통한다』와 『패터슨』을 구입했다. 서점지기가 약간 아리송한 표정을 지었다. 아, 꼭 읽어보고 싶어서 사는 건 아니고, 리뷰 청탁을 받아서 사는 거야. 그는 나더러 그럴 것 같았다고 했다. 동료 시인이 요즘 뭘 하고 있느냐고 물어서 윌리엄 칼로스 윌리엄스 리뷰를 쓰기 위해 책을 읽고 있다고 했다. 지루할 것 같던데. 마침 지루하던 참이라 지루하다고 답했다. 영미 문학 전공자인 어떤 작가와 밥을 먹다가 요즘 윌리엄 칼로스 윌리엄스를 읽고 있다고 했다. 아 그래요. 재밌지는 않던데. 좋아하는 시인은 아닙니다. 다른 지인들 대부분도 이 책을 구입할 의사가 없다고 했다. 내 지인들은 표지에서 이 책을 추천하고 있는 옥타비오 파스나 뉴욕 타임스나 짐 자무시나 에즈라 파운드처럼 훌륭한 분들이기 때문에 그들이 윌리엄스를 지루한 것 같다고 했으면 어느 정도 윌리엄스가 지루한 시를 쓴 시인인 건 맞는 것 같다. 반만 농담이다. 어쨌든 독서를 마친 뒤에 책상 앞에 앉아, 내가 무엇을 해야 하는가? 자문해본다. 아마도 나는 내 친구들이 윌리엄스의 시집을 구입할 수 있도록 설득해야만 할 것 같다. 그의 시집을 즐겁게, 종종 경탄하며 읽을 수 있도록 가이드를 작성할 것이다. 나는 내가 만든 가이드대로 그의 시집을 정독했고, 적어도 내게는 효과가 있었다.

첫 번째 가이드. 『꽃의 연약함이 공간을 관통한다』부터 쭉 읽어나갈 것. 윌리엄스는 언제쯤 희극적인 면모를 보여줄 것인가? 단 하나의 의문을 품으며 4부까지 기다릴 것. 『꽃의 연약함이 공간을 관통한다』의 초반부에 실린 시들은 확실히 다소 피곤함을 준다. 그건 시의 완성도와는 다른 문제다. 두 번째로 실려 있는 「목가」라는 시는 이렇게 시작한다. "더 젊었을 때는/뭔가를 이루는 게/중요했지." 이 시를 썼을 때 윌리엄스의 나이는 내 나이(35세)와 그다지 차이가 나지 않는다. 나도 30대에 접어들면서 종종 "더 젊었을 때는……" 하고 되돌아보는 버릇이 생겼는데, 그때마다 이래서는 안 된다고 반성하곤 한다. 그러면 그야말로 꼰대가 되기 때문이다. 물론 윌리엄스가 자신을 늙은 사람, 늙어가는 사람, 죽어가는 사람으로 위치시키는 것은 크게 문제가 되지 않는다. 그의 관심사가 미국에서 살아가고 있는 당대 시민들, 그들의 거주지, 가장 고요한 곳에서 들려오는 소음, 비극, 침묵, 죽음이라는 것도 시를 덜 재밌게 만드는 요소라고 볼 수 없다. 그가 존재의 무게에 짓눌려서 침묵하거나, 이미 침묵하고 있는 6피트 아래의 시체에서 웅성거리는 소리를 듣는 것도 아이러니한 정황 포착을 착실하게 수행하고 있다는 인상을 준다. 그러나 조금 더 입체적일 수는 없을까? 독서를 하면서 자꾸 조바심이 들었다. 진실을 포착하기 위해 집요하면서도 간결한 묘사를 늘어놓는 윌리엄스의 필치는 아주 놀라운 것이었지만, 동시에 진실이라는 것이 단순히 비극적이고, 무겁기만 한 것은 아닐지도 모른다는 독자로서의 반발심이 계속 머리를 들었다. 그러니까 어떠한 비극에도, 어떠한 무게에도 동시에 상반되는 무언가가 필요하다는 생각. 희극적이면서 비극적이고, 동시에 결코 재생될 수 없는 가슴팍의 상처처럼, 풀리지 않는 갈등이 자리 잡고 있기를 바랐던 것 같다. 우리는 이를 그로테스크라고 부른다. 윌리엄스가 담담히 담아낸 끔찍하고, 명징하며, 시끄럽고, 고요한 순간들 속에서 나는 계속 그로테스크를 기다렸다.

 윌리엄스의 시는 정확히 3부, 1921년 즈음해서 커다란 인식적 변화를 맞기 시작한다. 윌리엄스 시의 가장 빛나는 면모는 그가 언제나 우리가 아직 인식하지 않았던 것들을 인식하고자 애썼다는 점에 있다. 그는 폭포가 떨어지는 소리에서 언어를 발굴해내고, 더 나아가 말라붙은 폭포에서 소리를 발굴하고, 다시 언어로 번역하는 시인이었다. 그에게 있어 모든 사물과 존재는 실로 입체적인 것이다. 그러나 앞서 말했듯이 윌리엄스는 1921년 전까지는 정지한 것, 생이 끝난 것들을 포착하면서 다소 비극적인 면면만을 드러내는 데 몰두했다. 그리고 드디어 3부에 와서, 멈춰 있는 존재들이 실제로는 얼마나 능동적인지, 작고 연약한 것들이야말로 삶의 의지를 아주 신비로운 방식으로 표출한다는 사실에 관심을 가지기 시작한다. 그것도 아주 집요하게. 이 훌륭한 시인은 평생에 걸쳐 다중적인 관점에서 이미지를 대했고, 그러니까 정지한 것들이 실제로는 얼마나 격렬하게 움직이고 있는지를 이미 알고 있었다. 특히 어떤 특정 개인의 삶을 조명하는 시들은 대부분 그 사람의 죽음으로 끝을 맺는데, 「한 뼘 땅에 바치다」라는 시에서는 에밀리 디킨슨 웰컴의 삶을 집요하게 따라간다. 그러곤 그녀가 어떻게 자신이 묻힐 한 뼘 땅을 사수했는지 보여준다. 윌리엄스는 "그 여자는 자기 손으로 이 땅을 파헤쳤던 거죠./이 풀의 음모를 제압했고요,/맏아들에게 생떼를 부려서 이 땅을/사게 했고요, 여기서 15년을 살고,/마지막 고독을 달성했지요 그러니"라고 쓴다. 그리고 에밀리 디킨슨 웰컴이 달성한 고독은 그녀의 기구한 삶처럼 아주 굴곡 넘치는 것이면서, 동시에 그 무엇도 쉽사리 침범할 수 없는, 억척스럽고 고요한 공간이 된다. 이처럼 윌리엄스는 정동을 오롯이 담아내는 데 능통한 시인이었다. 그러나 3부를 거쳐 앞으로 우리가 만나게 되는 윌리엄스의 가장 두드러지는 변화는, 그 한 뼘 땅을 다소 비극적인 진실의 공간으로만 다루는 것이 아니라, 어여쁘고 기괴한 공간으로 여긴다는 데 있다. 어여쁘고 기괴한 공간. 그곳은 꽃과 이름 모를 식물들이 웅성거리고 있는 늪지이고,「봄철 미망인의 탄식」이라는 시에서 한 미망인은 "나 거기/가 보고 싶어,/그 꽃들 속으로 떨어져/근처 습지에 가라앉고만 싶어."라고 고백한다. 그리하여 4부가 시작된다. 챕터의 제목은 '봄 그리고 모든 것'이다.

  4부에 다다른 순간 나는 내 기다림이 독서의 일환이었다는 것을 깨닫고 커다란 만족감을 얻었다. 그러니까 처음부터 4부를 읽기보다는 이 사람이 도대체 언제쯤 나를 웃겨주려나 기다리면서 4부까지 천천히, 그가 얼마나 진중한 관찰자인지 음미하면서, 정독하는 것이 좋다. 솔직히 말해서 4부에서도 품, 헛웃음이 나오게 하는 순간들이 그리 많지는 않을 것이다.「봄 그리고 모든 것」에서 나는 종종 러시아의 작곡가 알프레트 시닛케의 묘비석을 떠올렸다. 시닛케의 묘비에는 러시아어 대신 귀여운 음표가 셋 그려져 있는데, 순서대로 페르마타, 온쉼표, 포르티시시모로, "오래, 그리고 특히 아주 세게 쉰다"라는 뜻이다. 처음 시닛케의 묘비를 봤을 때 내 유언을 뺏긴 것처럼 아쉬웠으므로, 나는 내 SNS 프로필 창에 시닛케의 묘비 사진을 띄워놓았다. 1923년을 기점으로 윌리엄스는 정지한 존재를 다룰 때 비극적인 어조만을 유지하지 않는다. 그는 그것들이 쉬고 있다고 언술한다. 다음 동작을 위해서만 쉬고 있는 것이 아니라, 쉬고 있는 것 자체가, 아무것도 하지 않는 것 자체가 너무나도 기이한 움직임이라는 것을 알아챈다. 윌리엄스는 「아무것도 하지 않는 것」에서 "이는 다만 어떤 것도/하지 않는 것이/완벽을/가한다는 것"이라고 쓴다. 많은 시인들이, 특히 엘리엇이 보기에 4월은 생명과 동시에 절망을 낳는 계절이다. 그러나 윌리엄스의 봄은 그러한 상징을 거부한다. 봄은 그냥 자기 맘대로 존재하고, 생장하는 것들은 연약하며, 우리는 그것들의 움직임을 시시각각 포착할 수 없다. 우리가 다큐멘터리 촬영에 쓰이는 마이크로 카메라는 아니니까. 어쨌든 봄의 꽃봉오리들은 느리고, 마치 쉬고 있는 것처럼 보인다. 그러나 한숨 자고 일어나서 집 앞 골목길로 나오면, 그 고요하고 정지한 것들이 공간을 관통해 기지개를 켠 것을 목격할 수 있다. 「그 장미」라는 시에서 윌리엄스는 "그 장미는 쓸모가 없다/하지만 꽃잎은 저마다 가장자리에서/끝이 난다.//(…)//어떻게 될까?/끝이 난다//(…)//접촉도 없이—거기에서/올라간다—매달리지도 않고/밀지도 않고—//멍들지 않은/꽃의 연약함이/공간을 관통한다."고 썼다. "그 장미는 쓸모가 없다"는 첫 구절을 만나자마자 시닛케의 묘비를 처음 마주했을 때처럼 웃음이 막 비어져 나왔다. 장미는 쓸모가 없고, 장미는 끝이 나지만, 장미는 멍들지 않는다. 장미는 움직이지 않는다. 장미는 가만히 있다. 장미는 관통하지 않지만 관통한다. 장미의 끝은 죽음이고, 장미의 죽음은 꽃이다. 꽃은 가만히 있다. 꽃이 가만히 있으므로 죽음도 가만히 있다. 오래, 그리고 특히 아주 세게 쉰다. 꽃은 조용하고 기이한 움직임의 정체이며, 세상에서 가장 귀엽고 비정한 시닛케의 묘비명이다. 귀여움. 그것이 윌리엄스의 시집을 읽으면서 우리가 가장 많이 만날 수 있는 느낌이다. 윌리엄스의 시를 즐겁게 읽는 방법은 시인을 단순히 진지하고, 집요한 관찰자라고 여기는 대신, 세계의 귀여움을 사랑하는 귀여운 할아버지라고 여기는 것이다. 이것이 두 번째 가이드다. 대단하고, 완벽하고, 중요하고, 격렬하고, 존엄하고, 죽음을 뛰어넘고, 위대하고, 형식을 해방했다는 식의 상찬은 시집 표지에 넣을 글로는 썩 좋지 않은 것 같다. 그 시인이 얼마나 대단한지, 얼마나 형식을 해방했는지, 얼마나 죽음을 뛰어넘었는지를 알기 위해 시집을 읽어야 할 것 같아 곤혹스럽기 때문이다. 꽃의 연약함이 얼마나 경탄할 만한 것인지 발견한 시인은, 평생 그것을 찬미하면서 언어를 교체하고, 망각하고, 다시 경탄하면서 살아갈 수도 있었을 것이다. 보는 사람의 시각에 따라 다르겠지만 어쩌면 그때부터 시인은 시인이 아니라 무언가를 깨우친 자로서, 계속 같은 깨달음을 재추구하며 살아가는 수도승이나 철학자로 살아갈 수 있을 것이다. 그러나 윌리엄 칼로스 윌리엄스는 그런 사람이고 싶어 하지 않았다. 그는 곧장 연약함을 직접적으로 찬미하는 일을 멈추었다. 그의 시는 1934년을 기점으로 그야말로 더 간명해지기 시작한다. 무언가를 찬양하기 위해서는 먼저 그것을 조금이라도 이해해야 한다. 혹은 이해하기를 포기해야 한다. 그러나 윌리엄스는 둘 다 하지 않는다. 그의 시는 계속 더 귀여워지기 시작하는데, 그건 그가 점점 더 통제하기를 원하지 않기 때문이다. 윌리엄스는 자신이 대상을 이해했다는 착각 속에서 대상을 압축하는 일을 하는 것이 아니라, 왜 저런 일이 벌어지는지는 도통 이해할 수 없지만, 하여튼 그런 일이 벌어진다는 식으로 묘사하기 시작하고, 그게 얼마나 기이한지를 알려준다. 그리하여 그의 시에는 각종 동물들이 많이 등장하게 된다. 원래도 동물들이 많이 나왔지만, 1934년을 기점으로는 한 번 걸러 한 번씩은 꼭 동물들이 나와서 알 수는 없지만 알 것만 같은 움직임들을 보여준다.

고양이가
그 장식장
꼭대기를

오를 때
처음엔 오른쪽
앞발을

조심스레
그리곤 뒷발을
내려놓는다

그 빈
화분의
구덩이 속으로

「시」 전문

이 고양이는 아마도 넘어졌거나, 비틀거렸을 것이다. 뒷발을 구덩이 속에 넣었기 때문이다. 어쩌면 화분이 그렇게 깊지 않아서, 조금도 비틀거리지 않았을지도 모른다. 우리는 고양이가 왜 장식장 꼭대기를 오르는지 알 수 없다. 재미가 있어서 오르는가? 높은 곳에서 세상을 둘러보기 위해서 오르는가? 그런 것 같긴 하지만 알 수 없다. 나는 우리 집 고양이가 왜 그렇게 매사 조심스러운지 알 수 없다. 알 것 같긴 하지만 결코 알 수 없다. 나는 그저 지켜보고 있다. 고양이는 왜 빈 화분의 구덩이 속에 발을 내려놓은 것일까? 발을 내려놓을 곳이 그곳밖에 없었기 때문인가? 아니면 빈 구덩이에 발을 넣는 행위에 생과 사를 관장하는 어떤 철학적인 의미가 있기 때문일까? 아닌 것 같다. 잘은 모르겠다. 우리가 알 수 있는 것은 윌리엄스가 이 시의 제목을 「시」라고 지었다는 것뿐이다. 시인이란 존재가 어쩌면 저 고양이 같은 존재일 수 있다는 건가? 무슨 심연에 다가가면서, 텅 빈 구멍 속에 발을 내려놓을 때까지 더듬더듬 조심조심 오르내리는 고양이가 시인이라는 건가? 아닌 것 같다. 고양이는 시인이 아니다. 정말로 아닌가? 맞는 것 같기도 하고. 내가 정말로 아는 것은 고양이가 귀엽다는 사실이다. 귀여운 고양이가 빈 화분의 구덩이 속에 발을 내려놓는 풍경이 시라면. 시가 참 귀여운 것 같다. 위태롭고, 위태롭지 않고, 심연이고, 심연이 아니고, 귀엽고……. 이 간명한 시는 시가 무엇인지에 대해서 명징하게 보여주고 있지만 결코 우리에게 시가 무엇인지 설명하지 않는다. 왜냐하면 시는 고양이가 빈 화분의 구덩이에 발을 내려놓은 사건이기 때문이다. 이해할 수 없는 존재의, 이해할 수 없는 시간의, 그러나 도저히 잊어버릴 수가 없는, 잊고 싶지 않은, 귀여운 사건이기 때문이다. 게다가 윌리엄스는 고양이가 귀엽다는 얘기도 하지 않는다. 그건 그냥 당연한 거니까.

윌리엄스는 「명랑한 벽지에 대해」에서 벽지를, 「갈망인 그 다락」에서 길거리 광고판을, 「그 코끼리물범」을, 무지 달고 무지 차가운 자두를 간명하게 묘사한다. 그는 한동안 점점 더 간명하게 그린다. 자신이 그릴 수 있는 한에서만, 여름방학 일기에 그린 초등학생의 그림처럼. 알아볼 수 있을 정도로만. 가끔은 대충. 가끔은 있는 그대로만. 그리하여 그가 그린 「프롤레타리아의 초상화」는 신발 깔창을 뚫고 나온 작은 못을 유심히 들여다보는 덩치 큰 젊은 여인에 대한 이야기다. 그 그림은 귀엽다. 귀여워서 슬프고, 귀여워서 웃음이 나고, 귀여워서 뭐라고 해야 할지 모르겠다. 윌리엄스는 덩치 큰 젊은 여인에게 말한다. "그게 그렇게 아팠"군요. 나는 그 이상 당신에 대해서는 알지 못합니다만. 그건 알겠어요. 그게 아팠다는 건. 그렇게 윌리엄스의 시는 온갖 사소한 것들, 비극적인 것들, 추악한 것들을 계속 그전보다 더 간명하고 귀엽게 배치하고, 그리하여 우리가 무얼, 왜 읽고 있는지조차 확실히 알 수 없게 만든다. 처음엔 이 시인이 참 대단하다고 해서 읽기 시작했는데, 나중엔 그저 시가 여기에 있어서. 이것이 시니까. 그게 뭔지는 모르겠지만. 이게 내 앞에 있어서. 이 세상이 시로 가득 차 있어서. 이 세상 곳곳에 텅 빈 작은 화분의 구덩이가 있어서. 거기 계속 뒷발이 폭 들어간다. 웃어야 할지 말아야 할지 알 수 없는 상태로. 그렇게 쭉 따라가다 보면 윌리엄스의 말년 프로젝트 패터슨 연작에 다다르게 된다.

패터슨 연작은 윌리엄스의 다른 시들에 비해 다소 난해하기도 하다. 내가 바로 직전에 소개한 윌리엄스의 귀여운 면모들은 다소 제한되고, 생의 여러 측면에 대해서 워낙 다각도로 묘사하다 보니 다소 산만하고 때로는 무심하며 반복적이라는 인상이 강하다. 대부분의 이야기나 이미지가 삽화적으로 사용되고 있기 때문에 서사나 연속적인 연결(삽화 사이의 연관성)을 찾아서 따라가려고 하면 오히려 길을 잃고 헤매게 될 가능성이 크다. 그리하여 마지막으로 최악의 가이드 하나와 괜찮은 가이드 하나를 제시하면서 이 글을 끝내고자 한다. 최악의 가이드부터 소개하자면, 에드워드 사이드의 책 『말년의 양식에 관하여』를 참고해, 패터슨 연작을 읽어나가는 것이다. 에드워드 사이드의 저서가 마치 패터슨 연작의 양식을 해설한 책으로 여겨질 만큼 도움이 많이 될 것이다. 에드워드 사이드는 예술적 말년성이 조화와 해결의 징표가 아니라 비타협, 난국, 풀리지 않는 모순을 드러낸다고 본다. 또한 사이드는 베토벤이 죽음을 앞둔 노년에 이르러 자신의 작품이 종합이 불가능하다는 사실을 깨달았다고 썼다. 사이드가 판단하기에, 베토벤은 자신의 작품이 그저 일개 개인의 주관이 전체성을, 그리고 살아남았음을 괴롭게 의식하며 몸부림쳤던 흔적, 그마저도 영원히 포착하지 못했던 흔적일 뿐임을 나타낸다는 사실을 깨달았으며, 따라서 베토벤의 말년의 작품들은 성마른 성격에도 불구하고 비극의 느낌을 전달한다. 여기서 베토벤의 이름에 윌리엄스의 이름을 넣어 패터슨 연작을 읽어나가면 도움이 될 것이다. 패터슨 연작은 내가 앞에서 소개했던 윌리엄스 시의 다른 변화들과는 궤를 달리하며, 어떤 도식이나 연대기적 작가론을 들이밀어 독서하기보다는 양식의 단절성과 단독성을 파악해야 하기 때문이다. 마지막으로 괜찮은 독서 가이드를 하나 제시하면, 패터슨 연작은 그야말로 거리를 산책하며, 골목에 앉아 낭독하기에 좋다는 것이다. 그리고 당신의 시가. 당신이 발을 집어넣은 빈 화분 구덩이가, 패터슨 연작을 계속 이어나갈 수 있다고 생각할 것. 그것으로 윌리엄 칼로스 윌리엄스의 시는 그 본분을 다할 것이다.

2022. 04. 25. 　　　　　　　　　　　　　　　　　　　아 그리고

나는 내 글쓰기가 내 정신의 성숙이나 쇠락보다 항상 더 유치하거나 젊었으면 좋겠다. 그렇게 하지 않으면 거짓을 쓰게 될 것이다. 왜냐하면 슬픔이 아니라 죽음에 대해서 쓰게 될 것이기 때문이다. 죽음을 다루는 사람이 되지 않고 죽음을 잘 다루지 못하는 사람이 되는 것이 언제나 예술을 하는 사람에게는 중요한 것이다. 하지만 내 정신은 죽음을 확실히 잘 다룬다. 왜 그렇게 매일 죽고 싶어 했던 때보다. 아 그리고.

2022. 04. 26.   진눈깨비

최근에 산문 40매 원고를 두 개 쓰면서 너무 힘들었는데, 참으로 시가 쓰고 싶었다. 그런데 어제도 그렇고 오늘도 시를 쓰러 카페에 왔더니 갑자기 아무 생각이 나질 않았다. 산문을 쓰면서 생각한 건, 슬픔이 죽음보다 솔직한 소재라는 것이었고. 문제는 슬프지가 않다는 거다. 어쩐지 슬프지가 않다. 슬프지 않은 글은 쓰고 싶지 않은데. 앞으로 낼 두 권의 시집에서는 적어도 슬픔에서 출발하지 않는 시는 넣고 싶지 않은데. 그런 생각을 하지는 않았고, 그냥 오늘의 내가 슬픔이 없으면 집중이 잘 되지 않는 그런 가소롭고 기만적인 사람이었다. 30일에 두 편을 줘야 해서 조금이라도 실마리를 풀고 집에 가고 싶었다. 아프면 몸 안에 촛불 같은 게 꺼지려고 하는 것이 느껴진다. 그걸 느끼는 게 싫은 것 같다. 빨리 꺼졌으면 좋겠다는 생각은 하지 않는다. 죽으면 안 되니까. 그렇지만 내가 사라져서 이걸 더는 느끼지 않았으면 좋겠다는 생각은 한다. 그래서 노트에 "아프면 사라지고 싶어"라고 써둔 것을 보았다. 사라진다. 사라져. 진눈깨비. 단순하고 유치한 연상을 따라 기형도의 「진눈깨비」를 엄청나게 오랜만에 읽었다. 나는 불행하다. 이렇게 말하는 걸 보았다. 맞습니다. 기형도님 당신은 불행하고 일생 몫의 경험을 다 했

습니다. 근데 아시겠지만, 세상 모든 건 이렇기도 하고 저렇기도 한 것이죠. 당신의 시에 저렇기도를 넣겠습니다. 불행하다는 말을 빼지는 않을 거고요. 그냥 안 불행하다는 말만 교묘히 잘 넣겠습니다. 그런 생각을 했고 양팔저울에 앉았다. 난 정말 저번에 쓴「행복」이라는 시가 너무 좋다. 그리고 오늘 왜 좋은지 알았다. 내가 양팔저울이기 때문이다. 질량을 재는 저울이 무게를 재는 저울보다 내 관심사에 더 가깝다는 걸 알았다.「행복」정말 좋다. 제목도 행복이구나. 정말 좋은 시다. 슬프기도 하고 행복하기도 한 순간이 있고 슬프지도 행복하지도 않은 순간이 있다. 그리고 이 두 순간에 속하지 않는 어떤 순간이 있다. 그 순간이「행복」에 있다.

연보

1987년 출생　　6월 22일 한국 경기도 과천시에서 태어남.

1989년 3세　　4월 동생 김지선이 태어남.

1990년 4세　　오이를 먹고 토함.

1991년 5세　　책을 좋아하게 됨.

1992년 6세　　성심유치원에 입학.

1993년 7세　　시계를 볼 수 있게 됨. 예지유치원 입학.

1994년 8세　　피아노를 배우기 시작함.
　　　　　　　관문국민학교에 입학함.

1995년 9세	초등학생 대상 그림대회에서 3등상을 많이 받음.
1996년 10세	관문국민학교가 관문초등학교로 바뀜. 유복한 가정환경 속에서 랍스터나 소고기를 많이 먹음.
1997년 11세	사람들로부터 미친놈이라는 소리를 많이 듣게 됨. 어머니가 울었음.
1998년 12세	관문초등학교 축구부에 입단.
1999년 13세	허윤희라는 동급생에게 호감을 표하지만 짝사랑으로 그침. 피아노를 배우기 시작함.
2000년 14세	과천중학교에 입학함. 성적이 크게 떨어짐.
2001년 15세	서점에서 책을 훔치다가 걸려서 크게 혼남. 성적이 크게 오름.
2002년 16세	경기도 육상대회 중등부 400m 달리기에서 3위 입상.
2003년 17세	공부를 하지 않고 시를 써서 대학에 진학하려고 함.

| | 안양예술고등학교 문예창작과에 입학함. 박성준과 최원석을 만남. |

| 2004년 18세 | 태어나 처음이자 마지막으로 문화생활이라는 것을 함. 친구들과 함께 '지구본 클럽'이라는 그룹을 만들어서 아무것도 하지 않음. |

| 2005년 19세 | 가톨릭 성당에 다니기 시작함. 바우돌리노라는 세례명을 받다. |

| 2006년 20세 | 안양예술고등학교를 졸업. 3월 명지대학교 문예창작과에 입학. 잦은 음주로 식도염, 십이지궤양에 걸림. 6월에 자퇴하면서 시와 멀어지게 됨. |

| 2007년 21세 | 3월 한국예술종합학교 연극원 극작과에 입학함. 친구 민정기와 함께 동생 김지선이 유학 중이던 호주 시드니로 여행을 떠남. 자동차 사고가 남. 성당을 나가지 않게 됨. |

| 2008년 22세 | 5월 단막 희극 《Formae》를 한국예술종합학교 식당 앞에서 초연하지만 별다른 반응이 없음. 이후 극단

'한배에서나온개새끼들'을 만들지만 몇 달 후에 없던 일이 되어버림. 밴드를 만듦. 이원 시인에게 수업을 들으면서 다시 시를 쓰기 시작함.

2009년 23세 6월 『현대문학』 신인추천을 통해 시인으로 데뷔함. 김영재와 함께 인도 북부로 여행을 떠남. 인도를 증오함. 아직 시를 한 편밖에 발표하지 않은 상태에서 문학과지성사와 구두로 계약함. 현대시 11월호에 「부담」을 발표함.

2010년 24세 한국예술종합학교를 휴학함. 총 37편의 시를 발표함. 첫 시집의 표제작 「에듀케이션」을 쓰고 강의실에서 낭독함. 김영재와 함께 인도 남부로 여행을 떠남. 중간에 김영재와 헤어져서 다시 인도 북부로 향함.

2011년 25세 잠시 포항에 체류. 거기서 유일하게 첫 시집에 수록되지 않은 시 「토끼년」을 쓴다. 이랑에게 「나의 자랑 이랑」을 헌정함. 혹평을 받음. 안식년을 맞아 제주도로 떠난 대학교수 김태웅의 방에서 생활.

2012년 26세 2월 한국예술종합학교를 졸업함. 다시 성당에 나감.

5월에 첫 시집 『에듀케이션』이 발간됨. 안양예술고등학교에서 시와 시나리오 쓰는 법을 가르침.

2013년 27세   3월 중앙대학교 대학원 문화연구학과에 입학. 재미공작소에서 시를 가르침. 박성준, 김엄지와 함께 『소울반땅』이라는 책을 출간.

2014년 28세   대학원 신문 편집장으로 일함. 대학원 수료.

2015년 29세   1월 자살을 결심함. 2월 결혼. 6월 15일 입대. 군대에 갔다가 사회복무요원이 됨.

2016년 30세   현대시학 작품상을 수상함.

2017년 31세   NBA 구단 보스턴 셀틱스를 응원하기 시작함.

2018년 32세   호주 시드니와 멜버른을 여행함. 코알라와 쿳시를 (각각) 만나 사진을 찍음. 펭귄도 만났지만 사진은 찍지 못함.

2019년 33세   테드 휴즈의 『시작법』을 한국말로 옮김. 『입 속의 검은 잎』 발간 30주년 기념 시집 『어느 푸른 저녁』에 참여함. 앤솔러지 산문집 『교실의 시』에 참여함. 두 번째 시집 『여기까지 인용하세요』가 발간됨.

2020년 34세   고양이 한지와 함께 살게 됨. 김영재와 함께 프랑스 파리로 여행을 감. 가다가 모스크바에서 비행기를 놓침. 손우성을 만나서 걸어 다님. 앤솔러지 시집 『그대 고양이는 다정할게요』에 참여함.

2021년 35세   『12월의 책: 고양이와 김승일』을 출간함. 마스크를 쓰기 싫어서 밖에 나가지 않음. 유일하게 track 26 카페에만 감. 앤솔러지 시집 『사랑에 대답하는 시』에 참여함. 그래픽노블 『나 혼자 』를 한국말로 옮김.

2022년 36세   앤솔러지 시집 『혼자 점심 먹는 사람을 위한 시집』에 참여함. 죽음이 아니라 슬픔에 대해서 쓰기로 결심. 시집 『항상 조금 추운 극장』 원고를 묶음.

7월의 책
ⓒ 김승일, 2022

2022년 8월 30일 초판 1쇄 발행

지은이 | 김승일
펴낸이 | 김승일

펴낸곳 | badbedbooks
주소 | 서울시 마포구 망원로 65(망원동) 2층
홈페이지 | completecollection.org

ISBN 979-11-955565-4-0 03810

이 책은 저작권법에 의해 보호를 받는 저작물입니다.
이 책에 수록된 글을 사용하고자 할 때에는 반드시 저작권자와 badbedbooks의 서면 허락을 받아야 합니다.